A LÍNGUA PORTUGUESA

Fernando Pessoa

A LÍNGUA PORTUGUESA

organização
Luísa Medeiros

1ª reimpressão

Companhia das Letras

Capa:
João Baptista da Costa Aguiar

Nos textos de Fernando Pessoa manteve-se a grafia vigente em Portugal

Dados Internacionais de Catalogação na Publicação (CIP)
(Câmara Brasileira do Livro, SP, Brasil)

Pessoa, Fernando, 1888-1935.
A língua portuguesa / Fernando Pessoa ; organização Luísa Medeiros. — São Paulo : Companhia das Letras, 1999.

ISBN 85-7164-878-6

1. Filologia 2. Lingüística 3. Português - Gramática 4. Português - Ortografia I. Medeiros, Luísa. II. Título.

99-0588 CDD-469

Índices para catálogo sistemático:
1. Língua portuguesa 469
2. Português : Lingüística 469

1999

EDITORA SCHWARCZ LTDA.
Rua Bandeira Paulista, 702, cj. 72
04532-002 — São Paulo — SP
Telefone: (011) 866-0801
Fax: (011) 866-0814
e-mail: coletras@mtecnetsp.com.br

Quem não vê bem uma palavra
não pode ver bem uma alma

FERNANDO PESSOA

ÍNDICE

NOTA PRÉVIA

O conjunto que constitui a Parte I deste volume, assim como as folhas soltas que dão corpo à Parte II, encontra-se no espólio depositado na Biblioteca Nacional, sob a classificação *Linguística*. Nenhum dos textos está datado, apesar de, em alguns casos, ser possível propor uma data aproximada. As folhas apresentam-se, umas datilografadas, outras manuscritas, outras ainda mistas e estão arquivadas na pasta que contém os «envelopes» 123, 123A e 123B, exceto uma que pertence ao «envelope» 125A. As cotas atribuídas pelos inventariadores da Biblioteca Nacional não correspondem à seqüência por mim apresentada na Parte II.

O texto da Parte I a que atribuí o título «O Problema Ortográfico», estende-se por 62 páginas manuscritas e numeradas por Pessoa, classificadas com as cotas que vão de 123B-40 a 123B-92.

As folhas coligidas na Parte II a que dei o título «Defesa e Ilustração da Língua Portuguesa» — título de um dos muitos projetos que Pessoa arquitetou (cota 123-9) — constituem, na sua maioria, fragmentos sobre ortografia da língua portuguesa. Numerei cada um desses textos fragmentários e dei-lhes uma seqüência que não respeita a da Biblioteca Nacional, embora a cada número corresponda uma cota. Os textos vão de 1 a 43, correspondendo, respectivamente, às seguintes cotas: 123A-14; 123-45; 123B-35; 123B-33; 123-34 e 34^{V}; 123-37; 123-13; 123-14; 123-80; 123-26; 123-23; 123-29; 123A-44 a 47; 123-7 e 8; 123-100 e 101; 123A-82^{V}; 123-46; 123B-38; 123-15; 123-32; 123-30; 123-20; 123B-36; 123-24; 123-35; 123-31; 123-23; 123-86 e 87; 123A-20; 123-89; 123B-37; 123B-102; 123A-35 e 36; 123A-37 a 38^{V}; 123A-40 e 40^{V}; 123A-39; 123-69; 123A-41 a 43^{V}; 123-42; 123-95; 123-96; 125A-15; 123-43.

Das folhas soltas só fixei o que dizia respeito ao assunto tratado.

Este volume é constituído, na sua maioria, por textos inéditos. Alguns deles — 3, 5, 6, 13, 14, 18, 19, 20, 30, 32, 35, 40, 41, 42, 43 — foram publicados em *Pessoa Inédito*, Lisboa, Livros Horizonte, 1993. O texto 2 foi publicado por Luiz Fagundes Duarte, em *JL, jornal de letras artes e ideias*, Ano VII, nº 310, de 14 a 20 de junho de 1988, mas já fora anteriormente por mim divulgado nas *Jornadas Pessoanas*, Teatro de S. Luiz, Lisboa, 12 e 14 de junho de 1988.

Os textos ingleses são seguidos da respectiva tradução.

Sinais usados na fixação do texto

Na fixação do texto, corrigi lapsos, preenchi lacunas óbvias, desdobrei abreviaturas e atualizei a ortografia. Utilizei ainda as seguintes convenções:

(...) — espaço em branco deixado pelo autor;

[...] — palavras não lidas.

Organização do volume

Com esta edição dos textos sobre língua portuguesa, pretende-se dar a conhecer mais um dos multifacetados interesses de tão complexo autor. Na defesa que faz da ortografia etimológica, confunde dois planos: o factual e o ficcional. E, embora ele próprio tenha tentado separá-los, a verdade é que o mito comanda a sua aparente objetividade. Fingimento? Talvez... Contudo, revela conhecer bem as bases em que assenta a reforma de 1911. Discute-as, rejeita-as e contrapropõe regras e normas.

A organização deste volume teve por detrás estes pressupostos, tentando tanto quanto possível seguir as orientações do poeta, apesar de nem sempre o ter feito, por ele próprio hesitar quanto às classificações a atribuir. Como se poderá ver pelas notas que acompanham os textos, umas vezes estas são encimadas com umas indicações, outras, com outras, ainda que pareça tratar-se do mesmo assunto.

Assim, e como parece óbvio, a Parte I é, como disse, constituída pelo texto completo que Pessoa teve o cuidado de rever e corrigir. São disso testemunho as correções, anotações e alterações à ordem seqüencial que à mão traçou. O título foi inspirado pelo poeta, pois é retirado do texto. Além disso, este escrito também serviu de orientação à seleção de textos e respectiva organização da Parte II.

A organização da Parte II, «Defesa e Ilustração da Língua Portuguesa», segue, por assim dizer, a ordem pela qual os temas vão sendo tratados pelo autor na primeira parte.

Esta foi uma das razões por que incluí numa obra a que dei o título *A Língua Portuguesa*, textos sobre línguas artificiais, o que pode parecer, à partida, um contra-senso. Porém, Pessoa refere-os, embora de passagem, para introduzir a questão da língua universal. Este foi também o motivo que me levou a incluir tais textos neste volume. A missão imperial da língua portuguesa passa pela sua universalidade, e não pela sua «internacionalidade». Pessoa distingue claramente as características e objetivos de ambas. Não seria possível entender essa missão se não publicasse estas suas reflexões.

Para concluir, gostaria ainda de dizer que os diferentes capítulos que organizei, para além dos que acabo de citar, têm a ver com as questões mais diretamente relacionadas com a ortografia e, até certo ponto, com a gramática da língua. Pessoa tentou, provavelmente, fixar, como diz, «os meios materiais do Império».

Acrescento uma breve nota sobre o primeiro capítulo desta segunda parte, «Teoria da Ortografia» (mais uma vez o nome é tomado por empréstimo a Pessoa), que nos mostra a importância que a linguagem escrita reveste para Pessoa e o seu modo de registar.

Este pareceu-me o melhor caminho a seguir, porque não só torna claro ser a língua portuguesa esse espaço do futuro império espiritual, como também segue a orientação delineada por Pessoa.

Parte I

O PROBLEMA ORTOGRÁFICO

I

A palavra falada é um fenómeno natural; a palavra escrita é um fenómeno cultural. O homem natural pode viver perfeitamente sem ler nem escrever. Não o pode o homem a que chamamos civilizado: por isso, como disse, a palavra escrita é um fenómeno cultural, não da natureza mas da civilização, da qual a cultura é a essência e o esteio.

Pertencendo, pois, a mundos (mentais) essencialmente diferentes, os dois tipos de palavra obedecem forçosamente a leis ou regras essencialmente diferentes. A palavra falada é um caso, por assim dizer, democrático. Ao falar, temos que obedecer à lei do maior número, sob pena de ou não sermos compreendidos ou sermos inutilmente ridículos. Se a maioria pronuncia mal uma palavra, temos que a pronunciar mal: diremos *anedota*, embora saibamos que se deve dizer *anécdota*. Se a maioria usa de uma construção gramatical errada, da mesma construção teremos que usar: diremos «hás-de tu compreender», embora saibamos que «hás tu de compreender» é a fórmula verdadeira. Se a maioria caiu em usar estrangeirismos ou outras irregularidades verbais, assim temos que fazer: «match de football» diremos, e não «partida de bolapé». Os termos ou expressões que na linguagem escrita são justos, e até obrigatórios, tornam-se em estupidez e pedantaria, se deles fazemos uso no trato verbal. Tornam-se, até em má-criação, pois o preceito fundamental da civilidade é que nos conformemos o mais possível com as maneiras, os hábitos, e a educação da pessoa com quem falamos, ainda que nisso faltemos às boas-maneiras ou à etiqueta, que são a cultura exterior. Assim não diremos a um homem do povo «como está sua mulher?», que sendo a fórmula «culta», todavia lhe causaria estranheza e ofensa; diremos «como está sua senhora?». De igual modo procederemos ao falar com essa pessoa moral[1] que é a maioria dos que falam, por naturais, a mesma língua que nós.

O caso da linguagem escrita é diametralmente oposto, e, para ser bem oposto, é-o de duas maneiras ou sob duas formas. Em primeiro lugar, a pessoa com quem se fala é ocasional e casual — pode ser *qualquer* pessoa, desde que entenda a língua em que lhe falamos. Na palavra escrita dirigimo-nos a *determinada*[2] pessoa, ou a determinado grupo de pessoas. A pessoa a quem falamos, como é *qualquer*, é virtualmente a maioria, pois, por ser *qualquer*, representa a maioria. No caso da palavra escrita, cumpre estabelecer uma distinção: há o caso epistolar, em que nos dirigimos a uma *certa, determinada*, pessoa ou entidade; e há o caso literário, em que nos dirigimos a um grupo de pessoas, um «público», real ou virtual, actual ou possível. O primeiro caso está fora do assunto. Em primeiro lugar, escrevemos a quem não podemos ou queremos falar, ou para registrar qualquer coisa para fins legais ou morais; sendo, pois, uma mera substituição da palavra falada, aqui a palavra escrita aproxima-se do caso da palavra falada, deixando assim de ser, *essencialmente, tecnicamente*, palavra escrita. Tanto assim é que acho perfeitamente aceitável, senão até obrigatório, escrever a uma pessoa, que usa de ortografia diversa da nossa, naquela de que ela usa. É o mesmo dever de civilidade que manda escrever, podendo, a um francês em francês, a um inglês em inglês. E no caso de uma carta ou requerimento a uma entidade oficial, mais e diversamente obrigatório é usar da ortografia estabelecida ou adoptada pelo governo.

Em segundo lugar — e é isto que verdadeiramente importa — não é nesta espécie de palavra escrita que se fixa a ortografia: esta é fixada pela literatura e pela cultura gramatical e filológica. A carta ou o requerimento limitam-se a adoptá-la e devem adoptá-la tal qual se estabeleceu. Como são palavra escrita — ainda que no lance meros substitutos da palavra falada — têm que adoptar as regras da palavra escrita, que a cultura firmou. É caso análogo ao da oratória, no campo da palavra falada. Um discurso, ou um sermão, ainda não seja lido ou não houvesse sido escrito e decorado, tem analogia com a literatura: é, até, reduzido por nós a escrita, um género literário. Mas também num discurso ou num sermão se não pode dizer *anécdota* nem *partida de bolapé*.

Sendo, apesar de tudo, palavra falada, tem que obedecer à regra majoritária da palavra falada, que é quem[3] a fixa. A lei fundamental persiste.

Chegamos, finalmente, ao caso da verdadeira palavra escrita, o de como ela se fixa — a palavra escrita da literatura e da cultura, dos literatos e outros letrados. É aqui que está a segunda oposição, e a mais forte, à palavra falada e ao seu critério majoritário. A cultura, produto do pensamento, é um produto individual, pois só o indivíduo tem cérebro e portanto pensa [, pelo menos, cá neste mundo.] Na esfera do seu pensamento, e portanto da palavra escrita que o traduz e registra[4], o indivíduo é a suprema, por isso que é a única, realidade. Não deve obediência nem a uma maioria, nem a uma minoria; pode achar que a deve a certos princípios — religiosos, morais ou políticos — que porventura tenha: é ainda a si, e só a si, que obedece, pois, se obedece a esses princípios é que os tem, isto é, que os criou ou os fez parte do seu ser.

Ora sendo a palavra escrita um produto da cultura, nisto, como em tudo mais, o indivíduo tem o direito de adoptar a que quiser — a que lhe parecer melhor ou mais conveniente. Quer isto dizer que — ao contrário do que quer o Dr. Agostinho de Campos — cada um tem direito a escrever na ortografia que quiser; que, tecnicamente, pode haver tantas ortografias quantos há escritores.

Terá isto o inconveniente de, se um escritor optar por uma ortografia antipática ao público, o público o não ler? Seja: o inconveniente é para ele, não para o público. Praticou um acto: sofreu-lhe ele mesmo, só ele, as consequências, como é lógico e justo em todos os critérios intelectuais e morais.

Distingamos cuidadosamente entre o dever cultural e o dever social. O meu dever cultural é pensar por mim, sem obediência a outrem — nullius addictus jurare in verba magistri; o meu dever cultural é registrar pela palavra escrita, grafando como entendo que devo, o que pensei. Assim se cria a cultura e portanto a civilização. Cessa aqui, porém, o que é puramente o meu dever cultural. Com a publicação do meu escrito estou já, simultaneamente, em duas esferas — a cultural e a social: na cultural pelo conteúdo do meu escrito; na social pela acção, actual ou possível, sobre o ambiente[5]. O meu escrito contém elementos prejudiciais à sociedade ou à Nação? Se legitimamente[6] e por mim o pensei, continuo cumprindo o meu dever cultural; meu dever social é que, consciente ou inconscientemente, não cumpri. São fenómenos distintos, dependentes, um, da minha contingência; outro, da minha consciência moral, se a tiver.

Ora a ortografia é um fenómeno puramente cultural: não tem aspecto social algum, porque não tem aspecto social o que não contém um elemento moral (ou imoral). O único efeito presumidamente[7] prejudicial que estas divergências ortográficas podem ter é o de estabelecer confusão no público. Isso, porém, é da essência da cultura, que consiste precisamente em «estabelecer confusão» intelectual — em obrigar a pensar por meio do conflito de doutrinas — religiosas, filosóficas, políticas, literárias e outras. Onde essas divergências ortográficas produziriam já um efeito prejudicial, e portanto imoral, é se o Estado admitisse essa divergência em seus documentos e publicações, e, derivadamente, a consentisse nas escolas [a seu cargo.] No primeiro caso haveria um fermento de indisciplina, que nenhum governo pode ou deve permitir. No segundo haveria, além desse mesmo fermento, de[8] desnortear crianças, incapazes, por o serem, de reflectir ou analisar esses problemas. Eu, porém, não defendo — nem, presumo, defender alguém — o critério de que o Estado, onde tem ingerência, admita variações ortográficas. Como o indivíduo, o Estado — que em certo modo é também um indivíduo — adopta a — e uma só — ortografia, boa ou má, que entende, e impõe-a onde superintende — a não ser que, à laia das ditaduras totalitárias — quando superintende em tudo, o que não é já governo, mas tirania. O que de facto defendo, e pelas razões que expus, é que cada qual pode escrever com a grafia que entende ou achar melhor, salvo, naturalmente, em circunstâncias em que se entre na esfera da ingerência legítima do Estado.

Pode ainda alegar-se[9], como última e desperada objecção, que basta, para ser prejudicial, a confusão que resulta para o público ledor menos culto da disparidade de ortografias entre vários autores. A objecção não colhe. Há sempre, nos países onde há divergência ortográfica, uma ortografia que a maioria dos leitores — que são esse tal público — prefere e deseja. Ora os autores que escrevem para tal público têm todos — digo *todos*, e nem sequer *quasi todos* — o cuidado de escrever na ortografia que esse público quer. Dessa confusão estão esses leitores livres; assim o estivessem de outras mais graves, que os mesmos autores lhes proporcionam. Não: os escritores que divergem, consciente e firmemente da ortografia que a maioria ledora prefere — ou são filólogos e gramáticos, seguros do seu critério (como o era Epifânio); ou caturros do passado, como os que escrevem na ortografia antiga por serem monárquicos, ou aqueles escassos espíritos que, adoptando tal ortografia, escrevem *sub specie artis*, para não dizer *æternitatis* — com os olhos postos, com ou sem razão, na posteridade e tomando quaisquer leitores que o presente lhes der como um simples adiantamento.

Por esta mesma razão não se estabelece confusão no público maior — ledor quasi só de jornais e outros periódicos — porque os jornalistas ou revisores *a fortiori* se adaptam à grafia do gosto da maioria dos que os lêem. Assim, entre nós, quasi todos — não digo todos — os jornais adoptam a ortografia oficial; no Brasil quasi todos os jornais permanecem fiéis à antiga.

De resto, o público ledor acima daqueles dois, embora ainda não o da alta cultura, nada como isto aflige: se gosta de um autor lê-o, conquanto lhe rogue pragas às consoantes e aos sinais diacríticos.

Não está, porém, ainda acabada a análise da oposição radical entre a palavra falada e a palavra escrita. A palavra falada não é só majoritária e casual: é também *momentânea.* Dita, morta. Assim e essencialmente, se bem que o registro fonográfico lhe tenha emprestado o poder de ressurreição, esse poder, para o nosso caso, é nulo: porque a linguagem falada forma-se, como o traje, pelo uso, o hábito, a moda, a região; de sorte que no século vinte e dois falar-se-á e pronunciar-se-á o português conforme esta lei, tendo o modo como hoje dizemos tanta influência para o caso, como em nós influi a moda — transmitida por outro registro, chamado quadro — que prevalecia no reinado de D. Sebastião.

Assim como, nos registros fonográficos, a palavra falada vence o tempo, assim nas emissões radiofónicas, vence o espaço. Este ponto, porém, muito menos nos toca: nesse caso a palavra falada continua momentânea.

A palavra escrita, e sobretudo a impressa, e mormente a do livro — em distinção da publicação periódica e as análogas —, essa, sim, destina-se ou se propõe vencer o tempo e o espaço, indo a outros lugares que o onde estamos, a tempos futuros ao em que vivemos.

Que o jornal, a revista, o livro popular ou semi-popular, ou que, não sendo popular, se destina todavia a um qualquer público presente, que não quer chocar — que essas publicações usem da ortografia preferida no seu país e no seu tempo ou momento, isso compreende-se, e seria absurdo que os autores ou publicadores desses impressos não procedessem assim, de mais a mais que os intuitos de tais publicações são predominantemente, ou fortemente, ou comerciais, ou publicitários ou propagandistas. Outro, porém, é o caso do autor que escreve na esperança de que a sua obra «fique» e [ou, que para o caso é o mesmo, que seja lida em outro país da mesma língua mas onde é preferida outra ortografia, igual à dele.]

No segundo caso, não há variantes entre a atitude deste autor e a daqueles de quem acabei de falar. Em ambos os casos o intuito é comercial, publicitário ou de propaganda: um autor prefere um mercado, por exemplo, Portugal, e escreve na ortografia preferida nesse mercado; outro prefere o Brasil e escreve na ortografia, diversa, a que ali o público dá a preferência. Nem um caso nem outro tocam no problema cultural. É no do escrito destinado à posteridade que esse problema emerge, mas emerge, então, em sua clareza[10] e plenitude.

Pode alegar-se, interrompendo, que pouco importa a ortografia em que hoje escrevo; se o que escrevo durar, vivo, até ao século vinte e dois, esse século se encarregará de me reeditar na sua ortografia, qualquer que fosse a em que eu escrevesse. Se o ponto fosse só esse, a objecção colheria. Mas o ponto não é só esse. Se, por análise e meditação, eu me convencer de que devo usar de determinada ortografia — seja ela a agora oficial, ou não — é meu dever *cultural* escrever nela, pelo menos em livros, em que estou *sub specie æternitatis*, liberto da hora e do lugar. Convicto da vantagem cultural dessa ortografia, passa a constituir meu dever *social* o fazer dela, não só a defesa e justificação, senão também a propaganda. Essa propaganda será, pelo menos, o escrever em essa ortografia. Muito maior será essa a probabilidade de no futuro ela se adoptar, e sê-lo-á na razão da valia que esse futuro me reconhecer — elemento esse, evidentemente, de que não posso ser juiz; embora, por mais modesto que se possa ser, alguma confiança tem alguém em seu mérito para fazer a tentativa de o fazer saber dos[11] pósteros. Até do ponto de vista egoísta tenho tudo a ganhar, nada a perder: se errei e minha obra dura, os futuros ma porão na ortografia deles, sem me levar a mal o haver escrito em outra; se acertei, eles me conferirão, além dos louros abstractos do poeta, ou que quer que eu seja, os louros, igualmente abstractos, de mantenedor da pureza gráfica da língua, uma espécie, salvo ser póstuma, de coroa *ob cives servatos*.

De aqui pois se conclui, de todos os modos e por todos os caminhos, que: o problema da ortografia é o da palavra escrita, nada tendo essencialmente que ver com a palavra falada, visto que esta nada tem com aquela; que, sendo a palavra escrita um produto da cultura, ao contrário da falada, que o é do simples uso, hábito ou moda, e sendo a cultura um produto do indivíduo, cada indivíduo tem — salvo casos episódicos de força maior — o dever *cultural* de escrever na ortografia que achar melhor, visto que essa ortografia é a expressão de esse[12] pensamento; que esse indivíduo tem o dever *social* de fazer a propaganda, com a força de pensamento que nele caiba, de tal ortografia.

Resulta também, como provei, que: a ortografia, sendo um fenómeno cultural, é puramente individual, não tendo o Estado coisa alguma com ela, ou de qual qualquer usa, salvo nos estabelecimentos oficiais ou escolares, onde tem legítima ingerência; que nenhum mal social advém da adopção de tal critério, antes algum bem resulta, como de todos os conflitos doutrinários, estímulos do pensamento individual e portanto da cultura geral.

Isto esgota o que podemos chamar o aspecto social da ortografia. Resta estudar o aspecto cultural, ou seja: em que bases deve assentar, de um modo geral, qualquer ortografia?; que resulta, para esse efeito, da oposição entre a palavra falada e a palavra escrita; e tem essa oposição, para o caso, qualquer efeito?; qual deve ser, portanto, e em consequência dos princípios que ficaram assentes, a verdadeira ortografia da língua portuguesa?

II

Toda a vida existe por[13] virtude de um equilíbrio — o entre forças atómicas centrípetas e centrífugas na chamada matéria inorgânica; o entre a integração e a desintegração, ou anabolismo e catabolismo, na matéria orgânica ou viva. Assim, uma sociedade, que, porque é composta de entes vivos pensantes, é um ente vivo mental, uma espécie de *organismo psíquico*, deve obedecer à mesma lei da vida, e existe também em virtude do equilíbrio de duas forças — uma que tende a conservá-la, mas que não sendo bem equilibrada, a faria estagnar; outra que, também o não sendo, a faria destruir-se e dissolver-se.

Não há grande dificuldade em saber que forças são essas. A contemplação da política, em qualquer tempo ou país, revela-nos essas duas forças: revela-as mais claramente umas vezes, menos claramente outras, por isso lá estão sempre, fundamentais, se as sabemos procurar.

A primeira, a força integradora, é a *tradição* — isto é, o apego ao passado, ao hábito, ao uso. À segunda, a força desintegradora, chamaremos, pois, por contraste, a *anti-tradição* — quer dizer a ânsia de novidade, o instinto da moda e da mudança. A esta não chamamos progresso, em primeiro lugar porque a palavra progresso, como não tem sentido preciso, quer dizer coisas diferentes para pessoas diferentes; em segundo lugar, porque aquele desenvolvimento em ciências e artes, e os seus resultados na aplicação prática, a que podemos chamar progresso, resulta, no que ciência, da obra exclusivamente do escol, e não da nação ou sociedade inteira, e, no que consequência social, não na simples anti-tradição, mas no resultado final do equilíbrio desta e da tradição.

Se a tradição predomina sobre a anti-tradição, a sociedade tende para estagnar, embrutecer; se a anti-tradição predomina, a sociedade tende para se anarquizar. De qualquer dos modos o progresso, a cultura e a civilização perdem e se definham. Ambas as forças são necessárias, porém cada uma, considerada em si, é nociva, e assim nocivo o seu predomínio sobre a outra, o desequilíbrio entre as duas.

Estas palavras tinham que ser escritas, para que servissem de introdução, aparentemente a grande distância, ao exame do problema ortográfico. À luz do que vai dito, revertamos a este.

Vimos que a oposição entre a palavra falada e a palavra escrita deriva, essencial e principalmente, de a primeira ser um produto majoritário, ou popular, a segunda um produto cultural, ou minoritário, visto que a classe culta, ou escol, é sempre uma minoria, e sobretudo o é, em toda a parte, a classe criadora de cultura.

Sectores opostos, mas ambos reais e vivos, da sociedade, é de esperar que a lei do equilíbrio opere diferentemente em um e outro — que o que é tradição para um o não seja para o outro, e o mesmo, é claro, quanto à anti-tradição. Basta um leve exame do assunto para se observar que não só é assim, mas que, como não é de admirar, a força do equilíbrio social baseia-se, nos dois sectores, em elementos diametralmente opostos, de sorte que o que constitui tradição para o povo é o que constitui anti-tradição para o escol, e vice-versa.

Por motivos já explicados, o que distingue o homem do escol do do povo é, dizendo em melhores palavras, que o primeiro é um indivíduo, o segundo apenas uma pessoa. O povo só tem carácter no seu todo e conjunto; é indivíduo só colectivamente.

Segue de aqui que constitui tradição para o homem do povo, quanto no passado é gregário, unificador; para o homem do escol, quanto no passado é individualizante, desunificador. Para o primeiro, é a região, a pátria, a família, o agrupamento qualquer a que pertence. Para o segundo, o indivíduo — os indivíduos que, surgindo, génios, no decurso da história, provaram, separados da sua grei e distintos dela, a cultura —; é o conjunto das culturas, disgregado porque as culturas são antagónicas umas às outras, e de aí nasce a cultura, conjunto feito de oposições, harmonia formada por discordâncias.

Com efeito, o que é tradição para o povo é a soma dos hábitos, e costumes que o ligaram à terra. A sua vida mental[14] é a terra, a região, o passado regional ou aldeão em todas as suas formas. E isto aplica-se a todo o povo, no sentido cultural, isto é, compreendendo nele as classes chamadas médias. Onde se diz terra diga-se cidade ou pátria, onde se diz passado regional diga-se nacional, e está certo, pois que nenhuma diferença fundamental aparece. O fenómeno de apego é o mesmo.

Para o povo a anti-tradição é, evidentemente, o contrário do que a tradição é. Num resumo brevíssimo, porém claro: para o camponês é a cidade; para o citadino é o estrangeiro. É o novo, o estranho, o atrai, por vezes, simplesmente porque se o não tem.

É oposto, como indiquei, o caso do homem do escol. Vivendo superiormente, predominantemente, uma vida mental, a tradição nele está na linha originária, na linha tradicional, da cultura em que a sua vida mental vive e tem seu ser. Se é natural de um país com larga ou antiga tradição cultural própria, como a Inglaterra e a Itália, e, em menor escala, nós mesmos, não colide nele o universalismo natural da cultura com o sentimento nacional e patriótico. Se, porém, é indígena de uma pátria de cultura pobre ou recente, então, como a sua tradição cultural terá que estar no estrangeiro, tenderá para um universalismo que seja já cosmopolitismo, que roça por, quando se não converta em, o anti-patriotismo. É o caso da Rússia, quanto a cultura recente pobre. É o caso da Alemanha do fim do século dezoito, quanto a alta cultura simplesmente recente: Kant ou Goethe, nascidos nessa época de cultura recente, eram universalistas, roçando Goethe, por vezes, pelo anti-patriotismo. Construída por eles a verdadeira tradição cultural alemã, já o alemão culto do século dezanove aprende — neles, cosmopolitas e individualistas — a lição contrária, porque o efeito de haver já, não só uma erudição, mas uma grande cultura nacional.

Quanto à anti-tradição, para o homem do escol reside ela precisamente na estreiteza que há em todo o sentimento nacionalista — estreiteza indispensável, mas estreiteza contudo —, no absurdo que há em toda a tradição, no que tem de estagnado e inconsciente, nas próprias modas e caprichos do momento — pois estes, embora para o homem do povo sejam anti-tradição, para o homem do escol são incluídos na «tradição» do povo, visto que têm base na mesma assimetria social, na mesma ausência de individualismo, pois não são mais vistos pela cultura, que tradições importadas, tradições efémeras.

Ora, sendo a palavra escrita, a linguagem impressa, um fenómeno cultural, é, como produto, pertença natural do escol; a sua disposição gráfica terá — para que seja uma coisa «vista» — que ser orientada pelo sistema de equilíbrio que é próprio do escol. Far-se-á o equilíbrio, pois, pondo no prato da Tradição e da balança a tradição *cultural* do país, no prato Anti-Tradição a sua tradição nacional, e portanto, anti-cultural. Como, porém, se trata, não do escol, não da cultura em geral, mas tão-somente da palavra escrita, ou, melhor, da ortografia, tradição e anti-tradição do escol têm que limitar-se ao que diz respeito a esse facto.

Ora, em todos os países, a tradição cultural, quanto à palavra escrita, é a tradição etimológica, pois que é pelo registro da sua etimologia que a palavra escrita indica que é, não só um elemento da notação silábica, mas ainda um elemento da cultura. Quanto à tradição nacional, também em todos o países é a mesma — o uso, e o que nele há de mais ou menos contrário à etimologia. Note-se que o uso é precisamente o que forma e distingue a palavra falada: é pois, como era de esperar, a verdadeira, a lógica anti-tradição cultural da palavra escrita.

Olhando aos países — são quasi todos — que têm hoje ortografias estáveis e geralmente aceites, veremos que o problema da fixação ortográfica se opera, contudo, de modos diferentes de um para outro, que o equilíbrio da tradição e da anti-tradição ortográfica, ou seja da etimologia e do uso, se operou em um de uma maneira, em outro de outra. A grafia ficou estável, porque era sã; e era sã como nela se conseguiu o equilíbrio da saúde e da vida.

Alguns, breves, exemplos mostrarão vários aspectos[15] desse equilíbrio. Antes, porém, de notar esses exemplos, convém tornar claros dois pontos.

Quando hoje falamos de ortografia etimológica, o facto diz quasi sempre respeito às palavras derivadas do latim, ou do grego através da transliteração latina o que vem a dar no mesmo.

Quasi não há grafia etimológica de outras línguas — ou mal fixadas na sua ortografia como o Primitivo Inglês (anglo-saxónico) ou de línguas como o hebreu e o árabe, grafadas em caracteres não-latinos, que cada um translitera como sabe ou pode. Ora a ortografia latina era quanto a consoantes rigorosamente fonética. Cada consoante tinha um som, e só um som; cada som era representado por uma só consoante. Quando escreviam C, diziam sempre K, fosse qual fosse a vogal seguinte. Assim, *Cicero*, lia-se, de facto, *Kikero*, e não *Síssero*. O S tinha sempre o som do nosso SS, nunca de Z, som este que nunca existiu em latim, pois a letra Z surgiu mais tarde, e para transliterar o *zeta* grego que se pronunciava DZ, som que os romanos não tinham, nem podiam formar por duas consoantes, pois, como acabo de dizer, o som do nosso Z lhes era estranho. Assim a palavra que escreviam *Caessar* diziam-na *Kaissar* e mais tarde *Keissar*, por enfraquecimento do ditongo. Quando aparece a combinação SS é porque, como em todo caso de consoantes dobradas, e em coerência com essa rigorosa fonética, *ambas* se pronunciavam, como hoje no italiano. O romano dizia *il-la*, fazendo ouvir, embora rapidamente um e outro L; como hoje o italiano diz *el-la*, e não *ela*, como nós, salvo afectação, talvez não injustificável em princípio.

Nas transliterações do grego, continuavam as consoantes latinas a servir um fim rigorosamente fonético. As letras gregas que os romanos transliteraram por CH, PH e TH não as pronunciavam os gregos nem portanto os romanos, K, F e T: são os sons do K, P e T *seguidos de uma aspiração*, muito bem representada por um H. Assim os gregos não diziam *filòsòfia*, mas p-hilòsòp-hia, sendo cada H uma leve aspiração, como a do H inicial inglês, porém decerto mais atenuada. Como os gregos, ou outros quaisquer entes humanos, conseguiam pronunciar, nestes termos, as combinações PHTH e CHTH, está além do entendimento da glote humana, tal qual hoje existe. Do mesmo modo o Y latino foi inventado para figurar o *upsilon* grego, que nenhuma vogal ou combinação vocálica latina podia dar, pois se pronunciava como o *u* francês, som que o latim desconhecia.

A ortografia latina teria sido perfeitamente sónica, porque o seria vocalicamente também se os romanos se tivessem lembrado de indicar, pelos sinais próprios, a quantidade das vogais, sempre, ao menos, que esta pudesse ser duvidosa, do mesmo modo que no espanhol moderno, mais perfeito nisto que o italiano, se indica o acento tónico sempre que possa surgir dúvida ou erro de pronúncia. Assim se escreve *Pérez* para que se não pronuncie *Peréz*, como, sem a indicação se deveria pronunciar; é este o máximo rigor da ortografia sónica, pois ninguém, salvo um estrangeiro — e neste assunto de pronúncia os estrangeiros não contam — se lembraria de dizer agudo aquele vulgar apelido. A carência, no latim, de sinais diacríticos que indiquem a quantidade das vogais tem por vezes uma importância derivada, pois, em palavras de três, ou mais, sílabas a colocação do acento tónico depende da quantidade da penúltima sílaba: se longa, a palavra é grave; se breve a palavra é esdrúxula. E em latim, como todos sabem, não há palavras agudas, em semelhança psíquica e contraste físico com o francês, onde as não há esdrúxulas.

Seja como for, para um sistema gráfico cuja base é a fonética, isto é, em que se presume que o leitor sabe o valor das *letras*, mas não conhece necessariamente as *palavras*, aquela irregularidade por carência é um grave defeito.

Abro um parêntesis se assim tanto me alarguei numa exposição que parece digressiva sobre a língua latina é que, tendo que falar dela, agora, como base dos sistemas etimológicos na ortografia, e, mais tarde, como sistema sónico, ou quasi, preferi pôr de uma só vez, e num conjunto coordenado, os elementos essenciais a um e outro seguimento, ainda que com prejuízo aparente da recta ordenação dos materiais, do que cindir o assunto em dois, obrigando-me na segunda parte, a uma inevitável repetição de certos pontos da primeira. Fui mais longo num passo, para que o fosse menos na soma a dois e portanto no conjunto da obra. Explicado isto, fecho o parêntesis. Regresso e reato.

Dois pontos, disse, teria que tratar antes de entrar na breve exemplificação de como, em alguns sistemas gráficos finais e aceites, se estabeleceu o equilíbrio entre tradição e anti-tradição em matéria ortográfica. Um era a natureza da língua latina como base da parte etimológica de algumas grafias. Acabo de tratar esse ponto. O outro, em que entro agora, é este de que maneira ou maneiras pode o elemento uso ou anti-tradição cultural entrar no equilíbrio ortográfico.

O mais rápido exame do assunto revela, se contudo foi atento, que de duas maneiras, e só de duas. Diferença-as esta circunstância de se o primeiro regímen ortográfico de um país foi estabelecido[16] antes ou depois de no país haver número bastante de gente que saiba ler e escrever para que possa constituir «povo» ledor e escrevedor.

Não esqueçamos que, seja a ortografia qual for, quem a fixa é o escol, dono da palavra escrita. Não esqueçamos que, para que haja equilíbrio nessa grafia, nela têm que intervir a tradição e a anti-tradição do escol, ou da cultura — a representação no escol, tanto do espírito cultural dele mesmo escol, como[17] do espírito anti-cultural do povo, ou do uso. Vejamos, agora, de quantas maneiras pode o escol fixar na ortografia a sua tradição. Há evidentemente só duas: a etimologia, que como já vimos, figura a oposição do escol ao nacionalismo do povo; a fixação regrada e intelectual, etimológica ou não, que figura a oposição ao casual do uso e ao seu carácter instintivo.

Por oposição, portanto, há duas maneiras em que o uso pode representar-se no escol para efeitos ortográficos: pelo nacionalismo, seja dado como for, se a grafia é etimológica, e portanto anti-, porque super-nacional; pela aceitação, por todos os letrados, e derivadamente por toda a gente, de uma grafia artificialmente fixa — etimológica ou não — porque a aceitação converte em *uso*, e portanto em instintivismo majoritário, o que fora criado minoritária e intelectualmente.

Examino agora — num exame rápido, porque os princípios que acabei de assentar o tornam fácil — os casos diversos de três ortografias indiscutivelmente fixas: uma grafia sónica (que pode ser a italiana ou a espanhola, salvo a pequena diferença, já citada, em favor, neste sentido, da espanhola); uma grafia etimológica artificialmente fixa — a francesa; e uma grafia natural, contraditória, misto de etimológica e de casual — a inglesa.

Aparecidos os primeiros, na Europa moderna, com uma verdadeira literatura, e não só o esboço de uma, não tinham os italianos, visto que eram os primeiros, norma moderna literária por que se orientassem na sua grafia. Não tendo no mundo antigo antepassados ou mestres literários excepto os romanos, cuja língua ainda era, e continuou muito tempo a ser, a língua erudita e universal da civilização — o Volapuque ou Esperanto natural orgânico — sendo a sua língua directamente descendente da latina, a ponto de ser a única românica que não faz os plurais em S, construíram a sua ortografia pelo sistema dos romanos.

Assim a fixaram, como a deles, rigorosamente sónica, com a curiosa semelhança de errarem por um esquecimento[18] muito idêntico: como já vimos, falharam os romanos no seu sistema em não marcar longas ou breves as vogais neste ponto duvidosas, falham os italianos no seu em não acentuar as vogais tónicas, pelo menos quando seja incerto quais são elas. A parte cultural da grafia não tomou ali o aspecto etimológico, mas um aspecto que, embora oposto à superfície, lhe é culturalmente equivalente: foram, não à palavra escrita latina, mas ao princípio pelo qual a palavra latina era escrita. A aceitação da ortografia foi geral: ao elemento cultura sobrevivera o do uso. Estava estabelecido o equilíbrio, e fixa a ortografia.

O caso da França é precisamente oposto. Herdeiros dos romanos, somente da tradição cultural (social e ou erudita), falando uma língua que, embora romana no aspecto em nada se parece, no corpo, com o latim, (basta que uma língua era predominantemente dáctila, a outra predominantemente aguda), a sua tradição cultural tinha que ser marcada na grafia por qualquer coisa que lembrasse Roma, e essa coisa só podia ser o adoptar a grafia latina em todas as palavras derivadas do latim, ou do grego através dele. Fixada a ortografia intelectualmente, pela Academia Francesa, e muito mais tarde — já quando o grego era também um elemento activo da cultura e se via como a próxima cultura latina era afinal filha da grega — a transliteração latina do grego foi, pelas antigas razões, coisa que houve particular escrúpulo em conservar. Fixada a língua, veio a aceitação geral; entrara, como em Itália, o elemento uso, o «povo» ou anti-tradição da cultura. O regímen ortográfico, aqui como lá, estava inabalavelmente estabelecido.

Em Inglaterra, o caso difere de ambos estes: é, aliás, de espécie inteiramente oposta. Composta a língua de dois elementos distintos — o elemento popular, de origem anglo-saxónica, com sobreposição de palavras latinas vindas, pelos reis e fidalgos normandos, através do francês; e o elemento erudito — aparecendo é claro mais tarde, mas rapidamente crescente — formado, como em toda a parte, de palavras latinas ou grego-latinas, cresceram naturalmente, par a par, dois sistemas ortográficos: o da língua geral e popular, baseado no uso, e incrivelmente incoerente, contraditório e absurdo, e o da língua erudita, cada vez mais rigorosamente coerente na sua ortografia etimológica. Assim, ao lado de uma grafia impossível de compreender ou de defender, excepto à luz de um tradicionalismo irracional, surgia uma grafia rigidamente conforme à etimologia — mais rigorosa nisto ainda que a francesa —, excepto em algumas palavras vindas do latim pelo primitivo francês, que conservaram a forma gráfica estropiada que da França trouxeram. Essas palavras, porém, como são de língua popular, pertencem mais propriamente ao primeiro grupo, como se fossem anglo-saxónicas do que ao segundo de origem directamente literária ou erudita.

Resta dizer que, tendo a grafia já em si, na sua parte popular e absurda, o elemento anti-tradição cultural, não era mister que o reforçasse o elemento aceitação. Ora dá-se o caso que, ao passo que em Itália e França, a aceitação, o uso, desde que a grafia se fixou, tem sido e continua sendo geral, absoluto, o mesmo não sucede, e hoje muito menos sucede, em Inglaterra. Há e houve sempre divergências sobre o modo de escrever — como e ainda mais sobre o modo de pronunciar — muitas palavras. Numerosos escritores e eruditos quereriam ver a ortografia inglesa simplificada — não tanto pela sua complexidade, como, na parte anglo-saxónica, pelo absurdo dessa complexidade. Não faz mal que Ph se pronuncie como F; a grafia Ph tem uma razão etimológica compreensível, e, à parte isso, toda a gente sabe que PH se pronuncia F, e sempre F. Mas porque é que o grupo *ough* tem sete pronúncias diferentes? Porque é que a palavra *bow* se pronuncia de duas maneiras diferentes conforme significa, por exemplo, laço ou arco (para setas) ou cumprimento (inclusivamente de cabeça)? Porque se há-de escrever do mesmo modo o presente e o pretérito (e particípio passado) do verbo to read — *read* em ambos os casos, mas pronunciando como *reed* (junco) no primeiro, como *red* (encarnado) no segundo?

Se passarmos para o caso de apelidos (sobretudo os de fidalgos) e nomes de localidades o caso torna-se abísmico. Há nomes que ninguém, por quatro vezes inglês que seja, pode sequer adivinhar como se pronunciam. Os apelidos fidalgos *Beauchamp*, *St. John* e *Chalmondeley* pronunciam-se como se fossem escritos *Beecham*, *Seinjun Chumley*. O apelido fidalgo[19] *Pole-Carew* pronuncia-se como se fosse escrito *Pool-Carey*, isto é como nenhum dos apelidos, separados, se pronuncia. O mais vulgar dos apelidos ingleses — o Silva de lá — escreve-se de 4 maneiras, se não de mais: Smith, Smithe, Smyth e Smythe, e a pronúncia ę a mesma. É por isso pergunta corrente num inglês, ao ser-lhe dito o apelido, às vezes vulgar, de um compatriota: «E como é que se escreve?»

Compreende-se que um sistema, ou ausência de sistema, ortográfico desta força não possa ter uma aceitação geral; tem contudo, uma quasi geral conformidade. Deve-se ela, em parte, ao tradicionalismo, não intelectual mas social, do povo inglês, que não gosta de reformar ou abolir qualquer elemento ou instituição tradicional senão quando é urgente e preciso que tal se faça; e, como os escolares não têm dificuldade em aprender uma língua assim grafada, como ainda os pouco cultos não a escrevem em geral com mais erros que os povos com ortografia sónica ou simplificada, e como, também, essa língua, assim escrita, faz parte da maior tradição nacional — a da literatura inglesa, a única que em valia é paralela à grega —, não há razão poderosa, antes há contra-razão, para lhe tocar. Acresce que, qualquer transformação nesse sentido se dar, teria que fazer-se com o acordo e a cooperação de todas as terras onde o inglês é a língua natural — as colónias e domínios ingleses — e os Estados Unidos; e não é certo — antes, é muito duvidoso — que tal acordo ou qualquer aproximação fruste a ele se conseguisse. Finalmente, a alterar-se um sistema a tal ponto absurdo, a alteração — para efectuar seus fins e portanto valer a pena — teria que ser a tal ponto radical e revolucionária que resultaria, não numa escrita simplificada ou modificada, mas numa escrita irreconhecível, ilegível, menos numa nova ortografia que num outro idioma.

Vejamos agora, à luz destes vários princípios, reforçados pela dos exemplos que os esclareceram, qual foi ou tem sido o caso ortográfico de Portugal.

A princípio confusa e hesitante, misto de sónica, de etimológica e de coisa nenhuma, como em quasi toda a parte, excepto (pelo motivo já exposto) a Itália, a nossa ortografia, quando, lentamente, se foi fixando, fixou-se numa ortografia etimológica, baseada, é claro, no latim, — aquela grafia a que hoje, em contraposição à oficial ou moderna, se chama *a ortografia antiga*. De Pombal para cá, pouco mais ou menos — pormenores de datas não importam — pode considerar-se como fixada, pois pequenas divergências, de diversa origem (como, aliás, as que subsistem e aparecem na ortografia oficial) nada fazem à essência do fenómeno. Essas divergências eram, aliás, só de duas ordens. Umas se derivavam de divergências na própria grafia latina: assim se discutia se se deveria escrever *letra* ou *lettra*, e consequentemente, *literatura* ou *litteratura*, pois em latim há *litera* e *littera*. Da mesma ordem eram as divergências sobre a pronúncia de certos nomes, como Cléopatra ou Sócrates, que no grego têm o acento tónico numa sílaba, no latim em outra. Outras procediam do desacordo sobre se certas formas simplificadas, que o uso, ainda o erudito, consagrara, deveriam ser mantidas, ou aproximadas a palavras da sua origem latina: se, por exemplo, se deveria escrever *santo*, *ponto*, *dito*, ou *sancto*, *poncto*, *dicto*, *fontes* ou assim ou com PH. Tais eram as divergências e eram de pequeníssimo vulto, pois não podem ser considerados como desacordos legítimos os que, de uma parte ou de outra, assentavam na ignorância ou no erro. Muito maiores eram e continuam sendo, as diferenças de critério e de opinião em matéria mais profunda que a ortografia — a pureza e propriedade da linguagem.

Considerando que a grafia assim fixada era etimológica, pode parecer que está nisso o elemento *tradição cultural*; que sucedeu entre nós o que, diversamente, sucedera em França e Inglaterra, salvo que em Inglaterra a grafia etimológica atinge só parte da língua, e em nós a quasi toda, sendo as palavras de origem não-latina grafadas sem complexidade nem complicação, e que em França a fixação ortográfica teve uma origem rápida e legal, e entre nós a teve lenta e social. Sucede que o nosso caso é, neste ponto, radicalmente oposto àqueles dois.

Em Portugal o etimologismo ortográfico foi, de início, o elemento de anti-tradição cultural, porque foi um acto de *nacionalismo*. A origem, porventura instintiva e inconsciente, da nossa ortografia, foi a necessidade de marcar de todos os modos, e portanto desse, a nossa separação de Espanha, a nossa íntima dessemelhança com ela.

A Espanha fixara, em imitação da Itália ou por outro qualquer motivo, ou por ambos, uma ortografia rigorosamente sónica. Fixássemos a nossa no sistema contrário. Era fácil, sobretudo num tempo de humanistas e latinistas, a quem o sistema etimológico naturalmente ocorreria para tal efeito, e a quem o exemplo dos franceses e ingleses dava, se o precisassem, a certeza de que este sistema não estaria isolado e estranho na Europa, se é que poderia parecer uma excentricidade ou sequer uma originalidade, de que alguém culto se risse ou com que [se] indignasse, o fazer ressurgir na escrita a comum tradição romana. Há sinais de que grande parte tiveram nisto os Jesuítas, colaboradores de sempre na causa da nossa independência. Se foi de facto assim, não devem, esses, ter procedido inconscientemente, qualquer que fosse o instintivismo de outros cooperadores.

Repare-se, porém, num espantoso fenómeno: o nacionalismo levara-nos a instaurar um sistema gráfico universalista. Num só corpo, num só sistema, num só tempo, estavam os dois elementos do equilíbrio — o povo e a cultura, a anti-tradição e a tradição culturais. Como em Inglaterra, a ortografia fixara-se, entre nós, natural e equilibradamente, desde o início, isto é, desde que de facto, começou a fixar-se. Em Inglaterra, porém, os dois elementos do equilíbrio coexistiam e coexistem; entre nós entrepenetram-se. Digamo-lo em linguagem que Vieira ensinaria: esses dois elementos, que em Inglaterra estavam unidos, estavam em Portugal aunados.

Assim formado, o sistema ortográfico português é, e é natural que seja, talvez o mais perfeito que se conhece. Fiel, ao mesmo tempo à cultura greco-latina, origem do mundo moderno, pois registra em sua escrita a solenidade de Roma e a complexidade da Grécia, e ao espírito português, por a sua grafia o opor aos mais países latinos, pois que aos nórdicos não há mister na oposição: a Espanha e Itália pela índole da grafia, à famosa França pela índole da língua, directamente latina. É bem o sistema que, como por milagre, representa e se ajusta à missão histórica de Portugal: a um tempo, e num só todo, nacionalista e universalista, ele duplica, na expressão externa da linguagem, os feitos dos Descobridores, cujo supremo nacionalismo se consubstancia com a sua obra de darem ao mundo a universalidade dos mares.

Foi esta obra prima de patriotismo e de humanismo, trabalhada pacientemente por gerações dos nossos maiores, que os castelhanos inconscientes (involuntários) do Governo Provisório se lembram de destruir. E é por certo de uma ironia cruel que fosse a um patriota como António José d'Almeida que houvesse sido distribuído, sem ele o saber, o papel de Miguel de Vasconcelos.

Mas, além do impatriotismo, foi o acto imoral e impolítico. Foi imoral porque se dispôs de uma coisa de que não éramos os únicos donos. A língua, e portanto, a ortografia, portuguesa é profundamente conjunta de Portugal e do Brasil. Se, como era nossa obrigação, o houvéssemos consultado, haveríamos, pelo menos, limitado na reforma. O Brasil, apegado como era e é à ortografia antiga, ter-nos-ia desaconselhado dela. E, fazendo-a, fomos impolíticos. Praticámos um acto que, à parte ser desnecessário, ou, pelo menos, não urgente, foi abrir uma cisão cultural entre nós e o Brasil, e, por esse motivo e por outros, prejudicou, naquele país, os interesses de autores e editores portugueses.

António José tinha, ao menos, a desculpa de que, embora a reforma fosse desnecessária, tinha todavia em seu favor uma certa corrente de opinião em Portugal. O Presidente Getúlio Vargas, em cujo país as circunstâncias são opostas, não sei que desculpa tem.

Enfim, a ortografia moderna fazia aqui, não sei porquê, parte do «espírito republicano», que ninguém sabe o que é. Era como que um artigo do programa do partido. E foi por isso, é claro, que foi promulgado ditatorialmente e, mais tarde, cumprido por tratado[20] entre duas ditaduras.

Entre os vários caprichos dos Deuses figura também o da[21] ironia.

Parte II

DEFESA E ILUSTRAÇÃO DA LÍNGUA PORTUGUESA

Teoria da Ortografia

1.

A linguagem falada é *natural*, a escrita *civilizacional.*

A linguagem falada é *momentânea*, a escrita *duradoura.*

A linguagem falada é *democrática* (e *constante*), a escrita *aristocrática* (e *episódica*).

Difere o facto civilizacional do natural em que (1) o primeiro é (...)

2.

Ortografia e Aristocracia

A linguagem falada é popular. A linguagem escrita é aristocrática. Quem aprendeu a ler e a escrever deve conformar-se com as normas aristocráticas que vigoram naquele campo aristocrático.

A linguagem falada *é nacional* e deve ser o mais nacional possível. A linguagem escrita é — ou deve ser — o mais cosmopolita possível. *Philosophia* deve escrever-se com 2 vezes PH porque tal é a norma da maioria das nações da Europa, cuja ortografia assenta sobre bases clássicas ou pseudo-clássicas.

3.

A palavra falada é imediata, local e geral. Quando falamos, falamos para ser ouvidos imediatamente, com quem está ali ao pé de nós, e de modo a que sejamos facilmente entendidos dele, que sabemos quem é, ou calculamos que sabemos e que pode ser toda a gente, devendo nós pois falar como se fosse qualquer. A palavra escrita é mediata, longínqua e particular. Quando escrevemos, e tanto mais e quanto melhor e mais cuidadosamente escrevemos, dirigimo-nos a quem não nos vai ouvir, que é ler, logo; a quem não está ao pé de nós; a quem poderá entender-nos e não a quem tem que entender-nos, tendo nós pois primeiro que o entender a ele[1].

Em resumo, a palavra falada é um fenómeno social, a escrita um fenómeno cultural; a palavra falada um fenómeno democrático, a escrita[2] um aristocrático. São diferentes em substância: são pois forçosamente diferentes os seus respectivos meios e fins[3].

A cultura próxima e a cultura remota.

A cultura é um fenómeno pelo qual estamos ligados ao passado pela inteligência; é, em outras palavras, a tradição intelectual.

Na palavra falada temos que ser, em absoluto, do nosso tempo e lugar; não podemos falar como Vieira, pois nos arriscamos ou ao ridículo ou à incompreensão. Não podemos pensar como Descartes, pois nos arriscamos ao tédio alheio.

A palavra escrita, ao contrário, não é para quem a ouve, busca quem a ouça; escolhe quem a entenda, e não se subordina a quem a escolhe.

Na palavra escrita tem tudo que estar explicado, pois o leitor nos não pode interromper com o pedido de que nos expliquemos melhor.

4.

A unidade da palavra falada é a sílaba pois são sílabas que ouvimos; a da palavra escrita a letra, pois são letras que vemos. Como a pronúncia da palavra é só da palavra falada, e[4] se produz por sílabas, a palavra escrita nada tem com a pronúncia dela. Uma ortografia absolutamente conforme com a pronúncia não tem pois necessariamente razão de assim ser, salvo se não houver motivo mais forte para haver outra. [— numa língua artificial por exemplo ou numa língua natural em que tal grafia se tenha estabalecido há muito tempo.] O que é preciso, para se ser compreendido quando se fala, é pronunciar bem; o que é preciso, para se ser compreendido quando se escreve, é grafar bem. São fenómenos distintos, pois que um é auditivo e o outro visual; e desde logo se compreende que não só se dirigem diferentemente à inteligência, senão que se dirigem a espécies diferentes de inteligência, pois que uma é a inteligência formada sobre a impressão auditiva, outra é formada sobre a impressão visual.

5.

1. A letra e não a sílaba é a «unidade» na palavra escrita.

2. A palavra falada compreende-se fixando-se na memória por meio das sílabas que a compõem, a palavra lida fixando-se na memória por meio das letras com que se

escreve. Num caso dirige-se à memória auditiva, no outro à memória visual.

3. A palavra escrita é um elemento cultural, a falada apenas social.

4. A base da ortografia é não haver confusão de sentido nas palavras escritas. Basta, pois, que uma determinada série de letras não possa representar mais que uma palavra, como representa *bow* em inglês e entre nós representaria *choro*; se assim grafássemos, não só o *choro* que se chora, mas, baseados na transliteração latina do grego, a palavra *coro*, de canto.

A palavra escrita consegue escapar aos equívocos inevitáveis[5] da palavra falada, como o igual som de *coser* (com agulha) e *cozer* (ao lume) que o emprego do S e Z perfeitamente diferença na escrita. Que é o chamado calembourg senão a demonstração corrente disto?

6.

Acresce até que a preposição *de*, com que se conjuga o verbo *haver*, é não só distinta dele, mas, até se junta sempre ao segundo verbo que, por ela, ele rege. Não se diz[6] «Há-de o leitor reparar»; diz-se[7], sim: «Há o leitor de reparar».

7.

Dever — Há discussão, e sempre a houve, sobre se este verbo se conjuga com, ou, sem, a preposição *de*. Sucede, porém, que há dele duas significações: a de obrigação, e a de probabilidade. Se dissermos, sem que o contexto elucide, «Ele deve pagar a conta», não se concluirá[8] com clareza se indicamos que ele tem obrigação de a pagar a conta, ou que ele provavelmente a pagará. Se adoptarmos usar da preposição *de* para exprimir o primeiro destes sentidos, aboliremos toda confusão: «Ele deve de pagar a conta», significaria que tem obrigação de a pagar; «Ele deve pagar a conta», que é provável que a pague.

Quando não possa haver dúvida, elimine-se o «de» — isto pelo preceito constante de que se devem de dispensar as palavras que se possam dispensar.

(Igual complicação existe, sem atribuição de preposições, com o verbo poder. «Posso ir» quer dizer, ou que tenho o poder para ir, ou que nada impede que vá). («Posso ver» quer dizer, ou simplesmente que não sou cego, ou que me é possível ver determinadas cousas).

8.

Gozar — Este verbo regia antigamente com a preposição *de*; essa regência caiu em desuso. Importa, porém, manter os dois modos de regência para diferençar dois sentidos. «Gozar a vida» será ter prazer em viver, sem necessariamente procurar quaisquer prazeres especiais. «Gozar da vida» será procurar prazeres, ou procurar constituir a vida em uma série de prazeres. Como em todos estes casos, prevalecerá o uso do verbo sem preposição, por assim a frase ficar mais breve, sempre que não possa haver dúvida no[9] sentido.

9.

Em — significa[10] não só lugar ou tempo onde, mas também lugar ou tempo através do qual. No primeiro caso elide com o artículo (no, na, etc.), no segundo não elide.

«Estive no Alentejo», quer simplesmente dizer isso. «Estive em o Alentejo» quer dizer que, a dentro do Alentejo, me desloquei; propriamente que percorri o Alentejo.

«Diz F. no quarto capítulo do seu livro» quer dizer que nesse quarto capítulo tal cousa se diz; se dissermos «em o quarto capítulo» entender-se-á que é no decurso dele que tal cousa se trata, que esse capítulo é *todo ele* dedicado a tratar dessa cousa.

Como, porém, o tempo ou lugar através do qual é sempre tempo ou lugar onde, é sempre certo elidir, e assim se deve fazer, pela maior eufonia, sempre que não haja necessidade de nitidamente acentuar que se trata de «através do qual» e não simplesmente de «onde».

10.

As palavras estrangeiras, entendendo por estrangeiras as que, não sendo portuguesas, não são contudo gregas nem latinas (ou árabes?), são de três espécies:

(a) As que são absolutamente estrangeiras e ou não susceptíveis de nacionalização (como whisky, kirsh, que são paralelas, na matéria, a apelidos estrangeiros e aos nomes de terras estrangeiras que não tiveram nome latino ou grego como o são às citações em língua estrangeira, que haja necessidade de fazer), ou podendo talvez ser nacionalizadas, não há mister que se nacionalizem, por termos vozes portuguesas que perfeitamente lhes correspondem (como club, que em português é grémio, lunch que é merenda, menu que é ementa).

(b) As que são, apesar de estrangeiras, susceptíveis de tomar forma portuguesa, como se fossem portuguesas, e há vantagem em que a recebam, por isso que não temos vozes próprias que exprimam o que elas dizem (como fanar, que não é bem murchar, detalhe que não é bem pormenor, e outras assim).

(c) As que, sendo absolutamente estrangeiras, e portanto insusceptíveis de nacionalização, correspondem contudo a coisas que convém designar por vozes portuguesas, criando-as para esse fim. (Tal é, por exemplo, a voz inglesa football, que designa uma coisa que convém que tenha um nome português, como bola-pé, ou coisa parecida).

Club é um grémio recreativo; menu é uma ementa de comidas; lunch é uma merenda breve. Ora *club* em inglês quer dizer grémio; menu, em francês, quer dizer ementa; lunch em inglês é precisamente merenda (mas breve). Sport, quer dizer ludo?

II.

Os peregrinismos, sendo coisas externas à língua, não podem ser nacionalizados. Por isso se escreverá *club*, *film*, *football*, *whisky*, assim mesmo, e sem itálico, como se citássemos e não escrevêssemos português.

Querendo nacionalizar atenda-se a que waggon = carrão.

Este problema, porém, é da propriedade da linguagem, e já não da ortografia da língua.

12.

Dá bem a medida da estupidez verbal em que caímos que achamos natural a expressão wagon-lit, ao passo que riríamos de carrão-dormitório, carro-dormitório, carro--cama ou da expressão preferível, lectífero (porta-leitos).

Se quisermos positivamente dar ao carrão de via férrea um nome distintivo — pois que carrão designa já uma carroça grande, (...) — então forjemos, para esse fim distintivo a voz legítima *carrete*, e fique ela designando sem dúvida o chamado waggon de via ferro.

ferrivio viaferro (masc.) = caminho de ferro
carrete ——— = waggon
caminhão ——— = camion
caminheta ——— = camionette

noctivolo { aerovolo, ou
velivolo, ou ———
avião (avieta)——— } = aeroplano
aquivolo ——— = hydroplano

13.

O nacionalismo é um patriotismo activo. Pretende defender a pátria das influências que possam perverter a sua índole própria, venham essas influências de dentro, como certos regionalismos, venham de fora, como certos estrangeirismos ou internacionalismos. Há porém regionalismos que não só são inofensivos mas proveitosos à nação; há também influências estrangeiras e internacionais que são úteis e aproveitáveis. O caso é que umas e outras sejam assimiladas, isto é, convertidas na substância da índole nacional.

Um exemplo, tirado do campo concreto da linguagem, tornará inteiramente claros estes conceitos que, por abstractamente postos, são necessariamente pouco perspícuos.

No Norte, ou pelo menos, no Minho, chama-se *loquete* ao que em português geral se chama *cadeado.* Não resulta senão desvantagem de admitirmos esse sinónimo inútil (...) e obscuro para o Português em geral, no uso corrente da língua comum, falada ou escrita. É, em miniatura, o caso do regionalismo *anti-nacional.* No Alentejo e no Algarve pronuncia-se *ên* o EN que fora dessas regiões pronunciamos *ân.* Se se pudesse introduzir este hábito na linguagem falada de nós todos seria uma vantagem, pois não há senão desvantagem em que EN se pronuncie do mesmo modo que AN, de sorte que surja confusão absurda entre, por exemplo, *sanha* e *senha*. É este, em miniatura, o caso do regionalismo *nacional*.

Certas palavras estrangeiras — como *football* e *soirée* — são internacionais, pois que em todas, ou quasi todas, as línguas se empregam em sua forma original, sem tradução. Temos o caso do internacionalismo *anti-nacional*. Contrariamos a índole da nossa língua introduzindo nela termos estrangeiros, que forçosamente desfeiam o discurso; contrariamos a índole da sua pronunciação, pois ou o leitor os pronuncia bem e está falando outra língua em meio do português, isto é, está falando duas línguas ao mesmo tempo, ou os pronuncia mal e se dá o mesmo caso, com ainda maior fealdade. O critério nacionalista é o de empregar o termo legitimamente português para a palavra internacional, ou simplesmente estrangeira, que, por haver já esse termo, inútil e desproveitosamente emprestámos; e fabricar uma palavra nova, de índole bem nossa, para a palavra estrangeira de que não tivéssemos equivalente. Assim, nos dois casos do exemplo, diríamos *velada* (que já tínhamos) em vez de *soirée*, e para *football* fabricaríamos *bolapé*, *pedibola* ou coisa parecida.

Quando porém a palavra internacional, ainda que de origem estrangeira, se integra naturalmente na[11] nossa índole e o seu uso corresponde a uma necessidade cultural, seríamos anti-nacionais se proscrevêssemos o seu emprego. Recusar-nos-emos a nos servir da palavra *neurastenia*, porque a devemos ao médico americano Beard? Repugnaremos a palavra (...)

14.

Imagine o leitor que, referindo-se a um grupo de gente aparentemente alegre e foliona que afinal induziria ao tédio, o *Diário de Notícias* dizia, em fundo, «Esta malta de rambóias não produz senão chatice». Que entenderia nisto o leitor descaloado? Que um extracto de malte, obtido pela decocção das folhas de uma árvore chamada rambóia, produz simplesmente qualquer espécie de emagrecimento, presumivelmente a cura[12] da obesidade.

Em iguais circunstâncias interpretativas se encontra a maioria dos ingleses perante o fraseado dos periódicos americanos, e mormente dos que se destinam aos grandes públicos.

Assim como têm vindo substituindo a música europeia pelos jazzes e não sei que mais dos negros, e as humildes valsas de compositores alvos conhecidos pelas produções[13] de Strausses pretamente incógnitos. Assim também à riqueza e à majestade antigas da língua inglesa têm vindo a antepor, na falsa energia de um ataque epiléptico verbal, um calão pitoresco e convulsivo.

E o pior é que o calão envelhece e passa depressa, como as estrelas de cinema, e quem se entendia pelo calão do equinócio da primavera já se não entende pelo do outono, dado o estabelecimento, muito próprio de uma terra de sociedades secretas, de asneiras-de-passe semestrais.

15.

Quanto ao escrúpulo de propriedade, de que falei, deve entender-se que constitui estorvo só quando patentemente prejudica o pronto ou exacto entendimento do discurso. Não quer isto dizer que a propriedade da linguagem, tanto gramatical como vocabular, não seja indispensável em toda a espécie de matéria escrita. E ainda aqui muito depende do público a que se o escritor dirige. O que pode estar bem num artigo destinado a eruditos ou cultivados pode destoar, ainda a esses mesmos, quando se produza um artigo de periódico (jornal), do mesmo modo que o que pode estar certo em prosa pode em verso ser fatalmente destoante.

O certo, nisto como no mais, é que o assunto faz, ou deve fazer, o estilo, como particularmente se observa no diálogo, onde é intuitivo que os interlocutores devem falar como as pessoas que são, que não como o autor falaria, se fosse um ou outro deles. Este caso particular, todos o sabem ou o presumem; o que a muitos esquece é que se deriva de uma aplicação[14] geral.

Ainda que a propriedade, bem entendida, se não deva nunca transgredir, quer empregando palavras com sentidos que naturalmente lhes não competem, quer usando de modos de dizer que não são próprios da língua, ainda assim há que reparar que é legítimo violar as mais elementares regras da gramática — no estilo expositivo ou no artístico — se com isso ou a ideia ganha clareza ou firmeza, ou à frase se enriquece o seu conteúdo de sugestão. Se determinado efeito, lógico ou artístico, mais fortemente se obtém do emprego de um substantivo masculino apenso a substantivo feminino, não deve o autor hesitar em fazê-lo. Quis eu uma vez dar, em uma só frase, a ideia — pouco importa se vera ou falsa — de que Deus é simultaneamente o Criador e a Alma do mundo. Não encontrei melhor maneira de o fazer do que tornando transitivo o verbo «ser»; e assim dei à voz de Deus a frase:

Ó universo, eu *sou-te*!,

em que o transitivo de criação se consubstancia com o intransitivo da identificação.

Outra vez, porém em conversa, querendo dar incisiva, e portanto concentradamente, a noção verbal de que certa senhora tinha um tipo de rapaz, empreguei a frase «aquela rapaz», violando deliberadamente e justissimamente a lei fundamental da concordância.

A prosódia, já alguém o disse, não é mais que função do estilo.

A linguagem fez-se para que nos sirvamos dela, não para que a sirvamos a ela.

Notas para um Critério Ortográfico

16.

A ortografia etimológica é a expressão gráfica[15] da continuidade da nossa civilização e da nossa cultura com a civilização e a cultura dos gregos e dos romanos, em que aqueles tiveram origem e têm vida.

17.

Devemos preparar a grafia da nossa língua para ela poder ser pronunciada pelos futuros, se quiserem, com certeza quantitativa. Resulta de aqui que, sendo igualmente etimológicas as grafias «dicto», «poncto» e «sancto», é dispensável o c nas duas últimas palavras, necessário na primeira. O «i» de «dicto» é longo, e não se poderá dizer como longo se se não marcar claramente essa quantidade. As primeiras sílabas de Ponto e Santo são longas em qualquer hipótese, por isso que são nasais.

Uma ortografia etimológica e quantitativa, ao mesmo tempo, mas primordialmente quantitativa.

18.

1ª regra. — Cada palavra deve, quanto possível, formar uma unidade (ou entidade) gráfica, sendo pois inconfundível com qualquer outra, ainda que essa se pronuncie da mesma maneira e, em certos casos, tenha, até, a mesma origem etimológica. (São exemplos as palavras *coser* e *cozer*, *carta* (no sentido de epístola) e *charta* (no sentido de mapa ou diploma). No primeiro caso há, embora a pronúncia seja idêntica, uma diversidade de origem; no segundo caso, sendo a pronúncia e a origem idênticas, há todavia uma notável diferença de sentido, pois a palavra que escrevemos *carta* se afastou do sentido etimológico, a que a palavra *charta* continua ligada.)

2ª regra. — Essa diferença de palavra a palavra incide sobre a base consonantal, pois a distinção vocálica é sempre fácil por meio de acentuação. (Isto no caso de pronúncia diferente — note-se.)

3ª regra. — Sempre que uma palavra nacional se tenha afastado em sentido da palavra latina ou grega de que se deriva, deve fazer-se o possível por nacionalizar a sua grafia, a fim de evitar conclusões erróneas baseadas na origem etimológica. (É o caso, por exemplo, da palavra que escrevemos *assunto*. Trata-se da forma segunda do particípio passado de *assumir* (assumpto). A palavra *assunto* nada tem porém com o assumir-se qualquer coisa; significa simplesmente matéria de conversa ou discussão.)

19.

A regra central da ortografia é que o mesmo sinal não pode representar, sendo consoante, dois sons diferentes. Podem dois sinais diferentes representar o mesmo som, o que etimologicamente é preciso (coser, cozer), sobretudo para distinguir sentidos diferentes de palavras que se pronunciam do mesmo modo.

Isto impõe, na ortografia etimológica, a necessidade de suprimir, antes de vogal, a transliteração CH do grego, dado que colide com o CH português, em palavras como CHORO. É a única transliteração que temos que fazer diferentemente da latina, pois temos o som CH próprio, que em latim não existia. Antes de consoante o CH grego mantém-se pois o CH português se não pronuncia senão antes de vogal. Escrever-se-á chrisma, chrisol, mas carácter, coro, arquipélago.

20.

Há (1) As palavras derivadas directamente do latim, ou do grego, através do latim ou não; *derivados primários.*

(2) As palavras derivadas indirectamente do latim ou do grego, por serem formadas sobre palavras portuguesas directamente derivadas do latim ou do grego; *derivados secundários.*

(3) (...)

21.

1. As palavras derivadas directamente do grego conservam a ortografia do original, segundo a transliteração latina.

2. As palavras derivadas directamente do latim conser-

vam a ortografia latina, salvo se o seu sentido se tornou diferente do sentido latino, quer por acréscimo, quer por limitação.

3. Todas as palavras de derivação diferente ajustam-se às regras ortográficas da pronúncia portuguesa, independentemente de como se escrevessem no original.

O alfabeto português não inclui a letra W, nem as letras H e Y com valor consonantal expresso.

A letra K subsiste na transliteração do grego e em termos bárbaros — como os derivados de línguas africanas — cujo barbarismo especial se deseja assim indicar.

22.

A questão dos derivados secundários vê-se claramente através de dois exemplos. O primeiro é o do verbo latino jungere, que tem por particípio passado junctus; este verbo deu em português, por derivação primária um verbo jungir (que tem o sentido de pôr canga, unir por meio de canga) que, como é natural da derivação, tem por particípio passado alternativo (pois há jungido) o vocábulo juncto. Mas deste vocábulo juncto, tomado como ponto de partida de nova derivação, formou-se um verbo português juntar, que significa simplesmente unir, apender, e no qual já não existe a ideia de sujeição, que jungir contém, nem a ideia de juncção de dois somente, em igualdade perfeita, que subsidiariamente existe no verbo jungir. Segue que este verbo juntar é uma formação portuguesa, feita sobre o derivado português, e não sobre a origem latina. A ortografia deve, portanto, registrar esta diferença; assim, escrevendo nós jungir, juncto, assim como conjugar, conjuncto, e disjuncto, (...), escreveremos todavia juntar e junto por particípio, e escreveremos junção a palavra que significa união, distinguindo-a de juncção, o latim junctio, que significa sujeição ao jugo, ou união de só dois em subordinação ao mesmo fim.

O segundo exemplo será do verbo latino assumere, que tem por particípio passado assumptus; este verbo projectou em português o verbo assumir, que tem os dois particípios passados assumido e assumpto, este último adjectival e quasi nunca empregado. Ora sobre este último particípio passado foi criado o termo assunto, significando matéria de discussão ou de trato; e ainda, popularmente, nasceu desta última palavra um verbo, aliás, esplêndido, assuntar, tratar de assuntos, falar discursivamente.

1. As transliterações gregas (por exemplo carácter, coro, coral, colorato).

2. As palavras directamente derivadas do latim, mantêm as suas consoantes duplas e os seus grupos consonantais, quer estas distintamente se pronunciem ou não.

3. As palavras indirectamente derivadas do latim, (...).

23.

Quando a palavra derivada toma um sentido absolutamente diferente da palavra original, ou, não o tomando verdadeiramente, passa contudo a pronunciar-se de uma maneira que não pode haver conformidade alguma entre ela e a palavra radical, então essa palavra trata-se como se fosse nacional, desprezando-se a origem etimológica. Estão neste caso as palavras seguintes: dono e dona (de dominus e domina), agora (de hac-hora).

Lista de palavras que, tendo sentidos diferentes, se escrevem diferentemente, ainda que sejam da mesma origem:

carta e charta
character (índole) e carácter (letra)
tratar (e tratado — convenção)
tractar (e tractado — livro)
coser (com agulha) e cozer (ao lume)

24.

Exame inicial dos grupos consonantais de origem grega, assim como das consoantes de origem grega, e da vogal Y, da mesma origem.

Posição provável:

(1) Representar cada som por uma só indicação gráfica, — mas isto deixaria persistir as duplicações C, CH, QU, (se bem que esta última se explique para o som C antes de vogal).

Hipótese: a não existência da consoante W, de origem não-clássica.

No caso de limitar cada som a uma expressão: (pode ser posta como hipótese extrema)

c — k

s — s (suseso)

z — z

cw — qu

gw — gu sonante

vogal aberta indicada por duplicação da consoante seguinte:

malla, falla, pella, setta,

vogal fechada indicada pelo contrário: ano, fanar, (...).

25.

Na transcrição da dual grega «ch», esta dual mantém-se para antes de consoante, abole-se para antes de vogal; assim escreveremos Christo, chrónica, chloro, e côro, carácter, (...).

Na dual latina «ct», a transcrição portuguesa mantém quando a vogal não muda, abole quando a vogal muda. Assim escreveremos dicto, mas ponto (e não poncto). A manutenção dá-se, evidentemente, quando o «c» se pronuncia, como em facto. (Há outro critério possível: que é abolir o «c» sempre que se não pronuncie, como de mactare se faz matar, e assim se escreveria ponto, santo, mas também dito...)

26.

Quanto ao grupo CT:

Mantém-se esse grupo, na forma CÇ em todas as palavras que, terminando em latim em CTIO, terminam em português em CÇÃO;

em todas as palavras com a mesma base etimológica que essas. (Assim, escreve-se distincto porque existe a palavra distincção, mas não se ecreve *tincto*, mas tinto, porque não existe a palavra tincção.)

em todas as palavras em que o CT é precedido por vogal aberta, quer, como em facto, o C se pronuncie, quer, como em acto, se não pronuncie. (Isto é independente de haver ou não palavras em CÇÃO com que estas se relacionem.)

Este grupo *não* se mantém:

nas palavras em que a vogal simples antes de CT é breve. (Assim, escreve-se matar, tratar, e não mactar, tractar, embora, como I e U são válidas por longas, se escreva dictar, luctar). (Estas palavras são todas verbos, e todos eles da primeira conjugação).

nas palavras em que haja CT em latim mas não exista correspondente palavra com a terminação CÇÃO. (Por isso se escreve santo, pranto, ponto, e não sancto, prancto, poncto, como se poderia esperar etimologicamente).

Há que notar que os verbos juntar e untar não têm correspondência com os verbos substantivos juncção e uncção. Estes procedem dos verbos jungir e ungir. Juntar e untar são verbos puramente portugueses, construídos artificialmente; os seus substantivos próprios são junção e unção (acto de juntar e acto de untar, mas não ungir).

Nota: há, pois, juncção e junção, e há juncto e junto.

No grupo PT: assumpto, exempto, mas compta?

Como assumpto se não emprega no sentido de assumido, nem exempto no sentido de eximido, é talvez melhor eliminar a origem latina, escrevendo assunto, exento, assim como se escreve conta e não compta.

27.

Excepções à regra do CH grego: (...)

Excepções à regra do CT:

matar santo

tratar pranto

maltratar ponto

distratar junto (de juntar)

junção (de juntar)

lição (no sentido ensino)

Excepções à regra do PT:

assunto (no sentido de matéria e não de assumido)

conta (no sentido de operação aritmética e não de ....?)

Contar é um caso de individualização portuguesa da palavra. O latim *computare*, que deu directamente o *computar*.

28.

1. O Ponto Etimológico e a Tradição Cultural Greco-romana.

2. O Ponto Sónico — a quantidade em português.

1. Onde há letras dobradas em latim, conservam-se. Onde em latim é duvidoso, como em *littera* ou *litera*, permanece duvidoso, e portanto arbitrário, em português, podendo escrever-se «lettra» ou «letra».

2. O grupo latino *ct*:

(a) mantém-se depois de vogal simples (dicto, afflicto, tecto) (acta, inacta) havendo duas excepções, que o uso impôs — *matar e tratar* (? haverá mais).

(b) não se mantém depois de ditongo ou vogal nasalizada.

(assim pranto, junto, ponto, santo, e não prancto, juncto, poncto, sancto) (para evitar violação desta regra a palavra latina *auctor* escreve-se *author*; não se escreve *autor* pois que esta existe separadamente em português e quer dizer que intenta uma acção (que se deveria chamar *aução*) em juízo, e vem do latim actio).

29.

O aglomerado consonantal *nct* ou *ncç* é desagradável à vista dos que falam uma língua tão vocálica como o português. À parte isso, a glote portuguesa, pouco amiga de orgias consonantais, não sente agrado em ter de pronunciar *kt* ou *ks* a seguir a uma nasal.

30.

1. Usa-se o menos possível da acentuação: só onde seja necessária. Quando há duas palavras com as mesmas letras, mas cuja distinção se estabelece pelo acento tónico, deve sempre entender-se que a ausência de acento o recua. Assim «varia», sem acento, quer dizer «vária»; acentuaremos quando for «varía», mas, ainda assim, só quando resulta confusão de se não acentuar. É inútil, por exemplo, acentuar esta palavra na frase «O preço varia».

A Chamada Reforma Ortográfica

31.

O argumento da uniformização é uma coisa, a base em que uniformizar é uma outra. Sobre as vantagens da uniformização ortográfica estamos, creio, todos de acordo; não o estamos sobre a ortografia que haja de ser a uniforme.

Também não o estaremos, suponho, sobre a imposição da ortografia. Que, tomada certa ortografia por oficial, dela use o Estado nas suas publicações, não é mais que inevitável e justo. Sobre o que sejam, para este efeito, «publicações do Estado» haverá um pouco mais de dúvida. Os documentos oficiais, «Diários do Governo», etc. por certo que são publicações do Estado. Os livros de estudo primário — isto é, os por onde se aprende a ler — usados nas escolas do Estado, também o serão. Que tem, porém, o Estado com os livros que se empregam nas escolas particulares? Que tem com os livros que servem, não para ensinar a ler, mas para ensinar coisas que neles se lêem?

A ortografia é um fenómeno da cultura, e portanto um fenómeno espiritual. O Estado nada tem com o espírito. O Estado não tem direito a compelir-me, em matéria estranha ao Estado, a escrever numa ortografia que repugno, como não tem direito a impor-me uma religião que não aceito.

No Brasil a chamada reforma ortográfica não foi aceite, nem ainda hoje, depois de assente em acordo entre os governos português e brasileiro, é aceite. Quis-se impor uma coisa com que o Estado nada tem a um povo que a repugna.

32.

Que havia de reformar? Legislar para os mínimos, de que a lei e o pretor não curam? Impor que se deve escrever *letra* e não *lettra*, ou o avesso? Para quê? O ponto é duvidoso, e onde há dúvida não pode haver ciência. Sofreu deveras a rigidez da grafia romana, ou a correspondente rigidez de essa disciplina mental, com o escrever em uns litera, outros littera, quando no caso não havia certeza?

Mas, se havia que reformar, a reforma não haveria de ser senão em tornar o sistema mais lógico, mais coerente consigo mesmo, onde porventura o não fosse, sobrepondo um critério científico, isto é, crítico ao critério puramente humanista, isto é, erudito dos originadores do sistema. Em suma, em intelectualizar o critério intuitivo em que o sistema, em seus dois elementos, se formara.

Erguer o sistema, por assim dizer, à consciência de si mesmo.

Língua Internacional

33.

The problem of an international language is a problem of remorse. When we seek such a language, we are seeking indeed, not what will be new, but what we lost. There was a time when every man, not of wide, but even of elementary, culture could read his language and Latin; if anything, and from the cultural standpoint, he could read Latin better. At that time a scientific book (taking the word «scientific» in its widest sense, as all that is distinct from artistically literary) was written straight out in a language which every cultured man could read, on which it would have been idle and foolish to superimpose the labour and the risks of a translation. The Polish, the Spanish and the Scandinavian scholar were, as scholars of a same nation; culture had, in Latin, a language of its own. There was really a United States of Europe in so far as learning was concerned.

The general cultural use of Latin, with all its unifying advantages, could not survive the particular use (when also cultural) of separate European language. We had to choose — so to speak, for we never choose — between Europe and poetry. Whichever was the cake, we could not eat it and have it too; but this is a maxim we hear as children and do not apply as adults except to cakes, which then seldom emerge as problems.

When, however, by slow natural degrees, what had been the Middle Age lapsed into the Renascence, and therefrom into Modern Age, something — which is nationalities, with their colour, their life, and the languages of nationalities[16] — was gained; something — which was the European spirit, and the language of that spirit, which for cultured, for wise was Latin — was lost.

We had yet to learn, it seems — if, indeed, we ever learn anything, especially in things when social, concerning which there is no science — that there is no such thing as absolute progress. A gain without a loss is unknown to Nature, and therefore to Nature in society. Everything has advantages and disadvantages, and when we abandon one thing owing to its disadvantages, in favour of another thing which has not those disadvantages — it is this that we call progress —, we soon find that we have also abandoned the advantages of the former thing, since we have abandoned that thing. In the higher economics of nature there is no alms and no stealing; all is paid for automatically, as in a slot-machine. «What the Gods give they sell», the Greeks rightly said.

That European unity, which the emergence of separate nations destroyed, and the more so the more they dived into their own spirit and became Europes unto themselves, has to a certain extent been rebuilt by the somewhat uncultural process of the development of transport, perhaps even by the development of civilization, whatever civilization may be. So we are brought back, in a certain manner, to where we were before, save that we have come to the back door in our shame of wheels and wings, of that house where we had[17] stood with Virgil at[18] the porch. Yet the problem has arisen of whether it would not be wise to revert to the old system of an international, or universal, language, and, if it be so be wise, how and to what sort of language.

There can be no doubt that an international language would be an advantage; the one condition is that it be an international language. Latin, which all cultured men knew, was naturally such a language. What language can to-day be naturally international? What language can gain universal acceptance? It is not the case of a language being natural — that is to say, the language living or dead, of a certain people —, or artificial being someone's private fabrication. The point is that it be universally accepted.

We are not dreaming of a language that shall be universal in the sense that it be spoken and understood by Hithertot and Large; there is no language of that sort except it be of the spirit.

O problema de uma língua internacional é uma questão de arrependimento. Quando recorremos a essa forma de língua, não estamos, na verdade, à procura de nada de novo, mas daquilo que perdemos. Houve um tempo em que qualquer homem, não de vasta, mas de cultura média, sabia ler na sua língua e em latim; se é que, no que toca à cultura, não lia melhor em latim. Nessa altura os livros científicos (tomando a palavra «científico» no seu sentido lato, em tudo quanto a distingue da arte literária) eram directamente escritos numa língua que qualquer homem culto podia ler, à qual seria insensato e absurdo sobrepor o trabalho e os riscos de uma tradução. O erudito polaco, espanhol e o escandinavo pertenciam, enquanto intelectuais, a uma mesma nação; a cultura tinha no latim a sua própria língua. Havia na realidade os Estados Unidos da Europa em tudo o que dizia respeito ao saber.

O uso geral do latim na cultura, com todas as suas vantagens unificadoras, não conseguiu sobreviver ao uso particular, (quando também cultural) das diferentes línguas europeias. Tivemos de escolher — por assim dizer, pois nunca escolhemos — entre a Europa e a poesia. Qualquer que fosse o bolo, seria impossível comê-lo e ficar com ele[19]; ditado que ouvimos em pequenos e não aplicamos quando adultos, excepto aos bolos que, nessa altura, raramente, aparecem como problemas.

Quando, no entanto, gradual e naturalmente, o que foi a Idade Média se perdeu no Renascimento, e seguidamente na Idade Moderna, alguma coisa — neste caso as nacionalidades, com a sua cor, a sua vida a as suas línguas — se ganhou; alguma coisa — neste caso, o espírito europeu e a língua desse espírito que para os cultos e para os intelectuais era o latim — se perdeu.

Tivemos ainda que aprender, assim parece — se, é que, na verdade, alguma vez aprendemos alguma coisa, sobretudo em questões sociais, acerca das quais não há ciência nenhuma — que não existe o chamado progresso absoluto. A Natureza não conhece ganho sem perda, e portanto, o mesmo sucede com a Natureza em sociedade. Tudo tem vantagens e inconvenientes, e quando abandonamos uma coisa devido às suas desvantagens, em favor de uma outra que não apresenta esses mesmos inconvenientes — e a isto chamamos progresso —, logo descobrimos ao abandonar as desvantagens que abandonámos também o que nela havia de bom. Na ordem superior da economia da Natureza nada se dá e nada se tira; tudo se paga automaticamente, como numa slot-machine. «Os deuses vendem quando dão»[20], diziam os gregos com razão.

Esta unidade europeia, que a emergência das diferentes nações destruiu, e que cada vez mais se interiorizou no seu espírito até se transformar em pequenas Europas, foi de certo modo reconstruída pelo processo, um tanto incultural, do desenvolvimento dos transportes e, talvez até pelo desenvolvimento da civilização, entenda-se o que se entender por civilização. Por isso, de certa maneira, voltámos atrás, aonde já estiveramos antes, salvo que, desta vez, para nossa vergonha, por meio de rodas e asas (por terra e ar), e chegámos à porta das traseiras daquela casa onde, na entrada principal, convivêramos com Virgílio. Por isso se levantou o problema se não seria sensato voltar ao velho sistema de uma língua internacional, ou universal, e, se assim for, que no bom-senso assente como e que língua adoptar.

Sem dúvida que uma língua internacional seria uma vantagem; a única condição é que seja realmente uma língua internacional. O latim, que todos os homens cultos conheciam foi naturalmente essa língua. Que língua, poderá, hoje, ser naturalmente internacional? Que língua poderá ter uma aceitação universal? Pouco importa que seja uma língua natural — isto é, a língua viva ou morta, de um determinado povo —, ou uma língua artificial fruto da invenção de alguém. O problema está em ser universalmente aceite.

Não estamos imaginando uma língua universal no sentido de ser falada e compreendida Hoje e no Futuro; não há nenhuma língua assim, salvo se for uma língua do espírito.

34.

The problem will be easier to understand if we begin by understanding the difference in culture between the time, during which Latin was naturally the universal language of culture, and our own time. The difference is very simple. In the Middle Age and its Renascence and post-Renascence remnants, there were, in so far as culture is concerned, only two classes, and they were not illiterates and literates, but, more properly, illiterates and cultured men. There was a chasm, practically speaking, between those who could not read and those who could; the literate who is not cultured was practically inexistent. This literate or cultured class was small, relatively to the population of Europe in the aggregate. Being small, and being set apart by its culture, it was fraternal among itself, even when it was martially fraternal. A remarkable book written anywhere was quickly taken notice of elsewhere. There was greater ease than to-day in cultural communication, for the simple reason that obstacles were few, and a great number of writers is an obstacle, writing in different languages is an obstacle, the interplay of commercial forces in literature (as represented by publicity, coteries — which are uncommercial limited companies —, and the existence of a great reading public) is an obstacle. In those times no Stendhal need prophesy that he would be read only fifty years away[21]; he was either read immediately or never.

These conditions do not obtain to-day. The opposite conditions do. There are no two classes in the world of culture: there is a subtle gradation, by which illiterates merge into the lower literates, and from these we move by innumerable steps up to the subtle thinkers and the rabid specialists.

As to foreign languages, the problem was very simple at the time. Latin being the universal and international language, there was no practical need to know anything but the native language and Latin, and Latin was so natural that it was learnt with scarce more difficulty than the mother tongue. Beyond this was Greek or even Hebrew. Very few took the trouble to learn modern languages, unless they were polyglotically inclined; Italian, however, and to a lesser extent French, were for literary reasons incipient exceptions. Those, however, who learnt either Greek or Hebrew, or foreign languages, did so for cultural reasons, unless they learnt modern languages naturally by the accident of residence in the countries they were spoken.

To-day all is different. Few people learnt either Latin or a foreign language, in the sense of coming to know them; they learn them at school and remember nothing afterwards. Latin has become difficult because it has ceased to be a living tradition. Foreign languages have become difficult because there is a reluctance to learn them by book. There is a vague sneer in the subconscious at learning by book what can so easily be learnt by cutting in the days of easy gain.

To what class would a universal language appeal? Not to the vast majority who now can read and write, for these are both reluctant to learn any foreign language by book (and an artificial language can only be learnt by book, since to be learnt by speech would mean that widespreadness which is herein expressly denied) and have a just instinctive antipathy against all robots. To the lesser majority who are interested in culture without being essentially cultured? These are men who use reading as rest and are equally reluctant to learn foreign languages, by book or otherwise, for that would mean work. They may learn them for practical purposes, such as translating as a profession, commercial travelling, having to go abroad to a certain country and preparing thus reluctantly therefore. (This is easily shown by the fact that most men who learn a language for a practical purpose never read a literary work, or anything but a newspaper, in that language). These are the readers of translations. They read translations even of books of which they know the language. There is some obscure reluctance to accept for the uses of leisure that which was learnt, spontaneously or not, in the pursuits of labour.

A friend of mine, an Englishman, once asked me why I did not translate into English a certain Portuguese book. I thought, in my innocence, that, since, having lived for many years in Portugal, he speaks Portuguese fluently, he had read it himself and thought it would interest English readers. To a surprise I would now not have, he said he thought it would be interesting and wanted to read it. Yet he could read it as easily as he reads a Portuguese newspaper, for the book is not in old Portuguese and contains no dialect (nor could it contain, since there are no dialects in Portugal). Why was this? Because Portugal is his office, not his home, though he lives there, and he would as soon think of reading a Portuguese book for pleasure as of diving into a ledger for excitement.

Would an artificial language appeal to the class above this — the class that is distinctly a cultured one, professionally, so to speak, if we use the word professional in the sense it has not, but merely as defining, by contrast, as amateurs in cultured the class of readers just below this one? The cultured class proper is made up of men whose interest in literature is literary and whose interest in science is intellectual. These men repugn artificial languages because artificial languages are unliterary, which comes to the same repugnance as that of the great majority of literates, whom artificial languages repel because they are unnatural; they are unliterary because they are unnatural, literature, as all art, being the artificiality of natureness. Apart from this, their very love of literature leads them to learn foreign languages, that they may escape the darkness visible of translations; their literary propensities generally, their early education frequently, makes it easy for them to learn those languages. They prefer learning three foreign languages — especially of the wider-spoken sort — to learning one artificial language.

When we reach the realm of specialists we find, at last, the only class to whom an artificial language might appeal. By specialists I mean specialists in science or pseudo-science, by which I mean practices like philosophy, criticism or history. These men live, generally, concentrated on their speciality; every foreign language they have to learn, that they may delve into their speciality, and should that speciality require such knowledge, is so much time taken from their particular study. They would certainly welcome a language in which, by a consensus of their several classes or specialities, all books of real learning might be written, the specialist having therefore no initial non-specialist burden but the learning of one language beside his own, as he learnt Latin of old.

It is, thus, not inconceivable that an artificial language might become acceptable to specialists of all sorts. Whether the normal human impulses behind the speciality — repugnance to the unnatural, repulsion for the unliterary, sheer conservatism — might or might not emerge to check the rational tendency to accept such a language, is a point which it is impossible to argue to any purpose.

Such a language, however, would be exactly opposite in

nature to the artificial languages that, to my uncertain knowledge, have been evolved until now. Artificial languages have hitherto been evolved to make democratic intercommunication easy, and they have aimed, therefore, at being easier to learn than a natural language. But an artificial language for the aristocratic purpose of learning and science would be designed to be more precise, more logical, more perfect for all shades of thought and of expression than a natural language. It would be designed to fill up their natural deficiencies, which are vagueness, illogicality and confusion of meanings, both by pronounciation and by th(...) A logical complexity would thus be its outstanding characteristic.

Artificial languages have been devised hitherto for the people who do not want them.

Entender-se-á melhor o problema se começarmos por compreender a diferença entre o tempo em que o latim era naturalmente a língua universal da cultura e o nosso próprio tempo. A diferença é bem simples. Na Idade Média e nos seus vestígios no Renascimento e pós-Renascimento havia, apenas, no que respeita à cultura, duas classes que não se dividiam em iletrados e letrados, mas, mais propriamente, em iletrados e homens cultos. Havia um abismo, praticamente falando, entre aqueles que não sabiam ler e os que sabiam; o letrado não culto era praticamente inexistente. Esta classe letrada ou culta representava um pequeno grupo relativamente à população da Europa, no seu todo. Por ser pequena e por, pela sua cultura, constituir um grupo à parte, era fraterna entre si, mesmo quando belicamente fraterna. Um livro notável, escrito em qualquer lugar, era rapidamente conhecido noutros lugares. Havia mais facilidade na comunicação cultural do que hoje, pela simples razão de que os obstáculos eram poucos; e um grande número de escritores é um obstáculo, escrever em diferentes línguas é um obstáculo, a interacção das forças comerciais na literatura (representada pela publicidade, coteries — que são companhias não comerciais limitadas — e a existência de um público ledor mais vasto) é um obstáculo. Nesses tempos nenhum Stendhal profetizaria que só seria lido 50 anos mais tarde; seria logo lido, ou nunca o seria.

Estas condições não se verificam hoje. As condições opostas, sim. Não existem duas classes no mundo da cultura: há uma gradação subtil na qual os iletrados se confundem com os pouco letrados, e logo a seguir temos de subir um sem número de degraus até chegarmos aos subtis pensadores e aos empenhados especialistas.

Quanto às línguas estrangeiras, o problema era bastante simples naquele tempo. Sendo o latim a língua universal e internacional, não havia necessidade de aprender senão a língua materna e o latim, e o latim era tão natural que era só um pouco mais difícil de aprender do que língua materna. Além disto, havia o grego ou mesmo o hebraico. Muito poucos se davam ao trabalho de aprender línguas modernas, a não ser que tivessem uma inclinação poliglota; contudo, o italiano — e, em menor escala, o francês, eram, por razões literárias, excepções incipientes. No entanto, aqueles que aprendiam, quer o grego ou o hebraico ou línguas estrangeiras faziam-no por motivos culturais, a não ser que aprendessem as línguas modernas de forma natural, por o acaso os ter levado a viver nos países onde essas línguas eram faladas.

Hoje tudo é diferente. Poucas pessoas aprendem quer o latim quer uma língua estrangeira, no sentido de ficar a conhecê-las, aprendem-nas na escola e depois não se lembram de nada. O latim tornou-se difícil porque deixou de ter uma tradição viva. As línguas estrangeiras tornaram-se difíceis porque há uma relutância em aprendê-las através dos livros. Há, no subconsciente, um indefinido desdém em aprender através dos livros o que se pode com muito menos esforço aprender atalhando caminho nestes tempos de proveito fácil.

Que classe se interessaria por uma língua universal?

Não a vasta maioria dos que hoje sabem ler e escrever, pois estes mostram também relutância em aprender qualquer língua estrangeira através dos livros (e uma língua artificial só se pode aprender através dos livros, porque se pudesse ser aprendida através da conversação, isso significaria a sua grande difusão, o que é aqui expressamente negado) e sentem uma justificada antipatia instintiva pelos robots. A pequena maioria dos que estão interessados na cultura, sem serem cultos? Estes são homens para os quais a leitura significa repouso e, por isso mesmo, mostram-se igualmente relutantes em aprender línguas estrangeiras através dos livros ou de qualquer outra maneira, pois isso implicaria trabalho. Podem aprender as línguas por razões práticas, tais como a tradução profissional, as viagens de negócio, que os obriga a deslocar ao estrangeiro, a um determinado país, e então, com relutância, preparam-se para isso. (Isto é facilmente comprovado pelo facto de que a maioria dos homens que aprende uma língua por razões práticas nunca lê uma obra literária, ou qualquer outra coisa nessa língua, a não ser o jornal). Estes são os leitores de traduções. Lêem traduções até mesmo de livros de que conhecem a língua. Há uma relutância obscura em aceitar usar no tempo de lazer aquilo que se aprendeu, espontaneamente ou não, por necessidade de trabalho.

Um amigo meu, inglês, perguntou-me uma vez porque não traduzia eu para inglês certo livro português. Pensei, na minha inocência, que tendo vivido muitos anos em Portugal, e falando português fluentemente, ele o tivesse lido e pensado que esse livro interessaria aos leitores ingleses. Para surpresa minha (hoje já não a teria) ele respondeu que achava que o livro deveria ser interessante e que gostaria de o ler. Contudo, ele podia lê-lo tão facilmente quanto lê um jornal português, pois o livro não está escrito em português antigo e não contém dialectos (nem podia conter porque, em Portugal não existem dialectos). Porquê tudo isto? Porque Portugal é o seu escritório, não é a sua pátria, embora aí viva, e tão prestamente se disporia a ler um livro em português, por prazer, como mergulhar, por deleite, na leitura do livro do razão[22].

Será que a língua universal interessaria à classe acima desta — uma classe distintamente culta, profissional, por assim dizer, se usarmos o termo profissional no sentido que não tem, mas apenas para definir, por contraste, como amadora de cultura, a classe abaixo desta? A classe culta, propriamente dita, é constituída por homens cujo interesse pela literatura é literário e cujo interesse pela ciência é intelectual. Estes homens rejeitam as línguas artificiais porque estas não são literárias, o que leva ao mesmo tipo de relutância da grande maioria dos letrados que repudiam as línguas artificiais por estas não serem naturais; não são literárias porque não são naturais, sendo a literatura, como toda a arte a artificialidade da naturalidade. Além disto, a sua paixão pela literatura leva-os a aprender línguas estrangeiras para poderem escapar à visível obscuridade das traduções; a sua habitual propensão literária, a sua aprendizagem frequentemente precoce, facilita-lhes a aprendizagem dessas línguas. Preferem aprender três línguas estrangeiras — especialmente as mais faladas — a aprender uma língua artificial.

Quando entramos no domínio dos especialistas encontramos, por fim, a única classe a quem uma língua artificial pode interessar. Por especialistas, quero dizer, especialistas em ciência ou pseudo-ciência, expressão pela qual designo actividades como a filosofia, a crítica ou a história. Estes homens vivem geralmente centrados na sua especialidade; qualquer língua estrangeira que tenham de aprender, de estudar em função da sua especialidade, caso essa especialidade exija tal conhecimento, isso representa muito tempo roubado ao seu estudo particular. Receberiam, com certeza, de braços abertos, uma língua na qual, por consenso das diversas classes ou especialidades, todos os livros que contribuíssem para o verdadeiro conhecimento pudessem ser escritos, não tendo, o especialista, à partida, qualquer outro fardo para além da sua própria especialidade, que não fosse o de aprender uma outra língua para além da sua, tal como, noutros tempos, aprendia o latim.

Assim não é de todo impensável que uma língua artificial seja aceite por especialistas de qualquer matéria. Que os naturais impulsos humanos subjacentes à especialidade — relutância pelo não natural, recusa pelo não literário, puro conservadorismo — possam ou não aparecer para provar a tendência racional em aceitar tal língua, é uma questão impossível de discutir com alguma objectividade.

Tal língua, contudo, seria exactamente oposta na sua natureza às línguas artificiais que, no meu incerto conhecimento, foram até agora propostas. Até hoje, as línguas artificiais têm surgido para facilitar a intercomunicação democrática, e o seu objectivo é, por conseguinte, tornar mais fácil a sua aprendizagem do que a de qualquer língua natural. Mas uma língua artificial com o propósito aristocrático do conhecimento e da ciência deveria ter por desígnio ser mais precisa, mais lógica, mais perfeita para todas as formas de pensamento e expressão do que qualquer língua natural. Deveria ser concebida de forma a colmatar todas as suas deficiências naturais, que são a incerteza, o ilogismo e a confusão de sentidos, causados quer pela pronúncia, quer pela (...). A complexidade lógica seria a sua característica mais evidente.

As línguas artificiais têm sido até agora destinadas a pessoas que as não querem.

35.

Mankind will not accept an unnatural language for natural communication. That is against the run of their instincts and whatever intelligence is left over once those instincts are discounted. No man, «that is a man» will accept to converse, over drinks or the refusal of them, in Valapuk, or Esperanto, or Ido, or whatever the spiritual puppet may be. He will prefer to speak brokenly in an alien language that has been born, to speak in the disgusting perfection of a language that has been made. Man is an animal though many forget it; he is an irrational animal still, as all do.

An artificial language for cultural purposes is, however, something of a different problem. The classes concerned are, to begin with, more restricted and there we have an easier, because a smaller, universality. They are more amenable to guidance by the intellect, because it is their persuasion that they are guided by the intellect, and persuasion, which is a sort of ripeness, is all. They deal in culture and science, which are by their own nature artificial things, and can admit an artificial language into their presence without the sickness of strangeness.

If we are to have an artificial language for scientific intercommunication, then we may just as well make it a scientific language. Let us drop all idea of its being «easy to learn», for what is easy to learn, as has been already said, is not worth learning. Preciseness, not ease, is what science requires in its speach. Gauss' coordinates gain nothing by being set to music.

What we require is a language that shall give us, in a clear compass of exactitude, minute and incontrovertible shades of meaning. Such a language will have a conjugation of verbs so devised that «I should have understood» will be a single word, made up of a radical (the verb itself), of a middle suffix (so to say), which will give the tense, and of a suffix proper, which will give the person, the gender and the number. Let us suppose that we base this language on Latin, and that we have the radical «dic» as meaning the essential verb «to say». Let us admit that the medial suffix «at» means «should» and the medial suffix «et» «should have», and also that the final suffix «o» means the first person singular (gender being here unrequired). The word «diceto» will then meaning «I should have understood», and there will be no doubt, trouble or equivocation of any sort about this.

It is quite possible that Esperanto, or any non-Esperanto, may be learned in a fifth of time that it takes any normal man to learn English. The normal man will be an abnormal one if he elects to waste the useless fifth of a useful unit time to learn what will not be of a millionth use to him the five-times effort would be.

It is better to learn Catalan than to learn Esperanto, for, if you know Catalan, you will at least be at home in Catalonia, but if you learn Esperanto you will not be at home anywhere, for Esperanto has no home. In learning an Esperanto of any sort you will only have fallen, not between two stools, but between all stools there are in the world.

If we are to have a natural universal language, that language should be English, and it will serve both as a cultural and as a natural language. If we are to have an artificial universal language, then it will still have to be devised, and it should be as complete as possible, not as easy as can be. It will be for scholars...

It will be something in the nature of a telegraphic code, which can be devised, by translations of the coded phrases into several languages, into a means of five-letter meaninglessnesses as which permit of international communication. If a five-letter code-word «abrax» means «I have received your letter» in English code and «J'ai reçu votre lettre» in a French code, «abrax» will be good enough for both English and French.

A humanidade não aceitará uma língua não natural para a comunicação natural. Isso é contra tendência dos seus instintos e do que ficar de inteligência subtraídos esses instintos. Nenhum homem, «que seja homem», achará natural conversar, aceitando ou recusando uma bebida, em Volapuque, ou Esperanto, ou Ido ou em qualquer outra fantochada do género. Preferirá falar, gaguejando, uma língua estranha, mas natural, do que falar, com relutante perfeição, uma língua artificialmente construída. O homem é um animal apesar de muitos o esquecerem, ele ainda é um animal irracional, como todos o são.

Uma língua artificial com fins culturais levanta, porém, um problema diferente. As classes interessadas constituem, para começar, um número restrito e aí já temos uma mais fácil, porque mais pequena, universalidade. É mais fácil guiá-las pelo intelecto, porque estão convictas de que devem ser guiadas pelo intelecto, e a convicção, que é uma espécie de maturidade, é tudo. Elas lidam com a cultura e a ciência, que são, pela sua própria natureza, coisas artificiais, e aceitam sem o mal-estar da estranheza a presença de uma língua artificial.

Se tivermos uma língua artificial para intercomunicação científica, então podemos fazer dela uma língua científica. Ponhamos de parte a ideia de esta ser «fácil de aprender», porque o que é fácil de aprender, como já foi dito anteriormente, não merece ser aprendido. Da precisão e não da facilidade é que a ciência precisa no seu discurso. As coordenadas de Gauss nada ganham em ser transformadas em música.

Precisamos é de uma língua que nos dê, numa clara e perfeita exactidão, as minuciosas e inconversíveis subtilezas de significado. Tal língua terá uma conjugação de verbos tão elaborada que «Eu devia ter compreendido» será uma só palavra, composta pelo radical (o próprio verbo), por um sufixo medial (por assim dizer) que dará o tempo e por um sufixo próprio, que dará a pessoa, o género e o número. Imaginemos que a base dessa língua é o latim e que temos o radical «dic», significando o verbo principal «dizer». Admitamos que o sufixo medial «at» significa «devia» e que o sufixo medial «et» significa «deveria» e que também o sufixo final «o» significa 1ª pessoa do singular (o género aqui não é necessário). A palavra «diceto» significará, então, «Eu deveria ter compreendido» e não haverá dúvida, dificuldade ou equívoco de qualquer espécie acerca disto.

É bem possível que o Esperanto, ou qualquer não-Esperanto, seja aprendido num quinto do tempo que qualquer homem normal leva a aprender o inglês. O homem normal será um anormal se preferir perder o quinto inútil de uma unidade útil de tempo a aprender aquilo que não terá um milionésimo de utilidade para ele que a que teria com o quíntuplo do esforço.

É melhor aprender catalão do que Esperanto, pois se conhecer o catalão poderá sentir-se em casa na Catalunha, mas se aprender Esperanto, em parte nenhuma se sentirá em casa porque o Esperanto não tem pátria. Ao aprender qualquer forma de Esperanto terá perdido, não uma oportunidade, mas todas as oportunidades que existem no mundo.

Se tivermos de ter uma língua natural universal, essa língua será o inglês e servirá tanto como língua cultural que como língua natural. Se tivermos de ter uma língua artificial universal, essa teria ainda de ser inventada e deveria ser o mais completa possível, e não o mais fácil possível. Seria para intelectuais...

Será qualquer coisa de natureza semelhante a um código telegráfico, que pode ser concebida, através da tradução de frases codificadas em diversas línguas, num sem sentido de cinco letras que permitam a comunicação internacional. Se a palavra código de cinco letras «abrax» significar «I have received your letter» (recebi a tua carta) num código em inglês e «J'ai reçu votre lettre» (recebi a tua carta) num código em francês, «abrax» servirá tanto para o inglês como para o francês.

36.

This artificial language would be simple in structure complex in superstructure, and both simple and complex, because both logical and extensive, in vocabulary. By simplicity of structure I mean that such a language should be based on a strictly phonetic spelling, in which no one letter would have more than one value or sound and no two letters the same sound, where no double consonants be used, free from accents, diacritical signs or any such superimposed matter; that it should work on as few letters as possible; that the termination of words should immediately lead to the distinction of the word as a certain part of speech and no other.

This simplicity of structure would not be devised to make the language easy to learn, that being a despicable intention as a primary one; it would be logic as applied to verbal expression, which, by the bye, is the same thing.

By complexity of superstructure I mean that cases, tenses and the like should be clearly devised so as to express, without duplication or confusion, the minutest shades of meaning. No scientific language would dispense with a word to say, for instance, «I should have understood», instead of the idle four which English spends over it. I mean also that (...).

By both simplicity and complexity of vocabulary I mean that the vocabulary, to be clear, would have a word for each meaning and neither two words with the same meaning or one word with more than one meaning, abstract nouns related etymologically with concrete nouns they emerge from. (...); and the vocabulary, to be logical would have the adjectives and adverbs naturally evolved from the nouns, the abstract nouns similarly evolved from the concrete ones, and the like.

Esta língua artificial seria simples na estrutura, complexa na super-estrutura, e ambas as coisas simples e complexa, porque ambas seriam lógicas e extensas no vocabulário. Por simplicidade de estrutura quero dizer que tal língua deveria basear-se exclusivamente na articulação fonética, em que uma letra não teria mais do que um valor ou som e duas letras não teriam o mesmo som, em que não fossem usadas consoantes duplas, e não teria acentos, nem sinais diacríticos, ou quaisquer imposições de outro género; deveria funcionar com o menor número de letras possível; a terminação das palavras estabeleceria imediatamente a distinção da palavra como pertencendo a uma determinada parte do discurso e não a outra.

Esta simplicidade de estrutura não seria feita de modo a tornar esta língua fácil de aprender, pois esta intenção é tão desprezível quanto primária; seria lógica quando aplicada à expressão verbal, que, diga-se de passagem, é a mesma coisa.

Por complexidade de super-estrutura considero que os casos, os tempos e o resto deveriam ser claramente construídos de modo a exprimir sem duplicação ou confusão as mínimas flutuações de sentido. Nenhuma língua científica dispensaria uma palavra para dizer, por exemplo, «I should have understood», (devo ter compreendido), em vez das quatro que o inglês usa para o dizer. Também considero que (...)

Por quer simplicidade quer complexidade do vocabulário entendo que o vocabulário, para ser claro, teria uma palavra para cada significado e não duas palavras com o mesmo significado, ou uma palavra com mais de um sentido, os nomes abstractos teriam uma relação etimológica com os concretos e deles seriam formados. (...); e o vocabulário para ser lógico teria os adjectivos e os advérbios formados, naturalmente, a partir dos nomes, os nomes abstractos deveriam igualmente formar-se a partir dos concretos, e assim por diante.

37.

1. (a) All words in which the final syllable is in A, whether this be actually the final letter or the determinant one (as in endings in —ai, —as, —au and the like), are *nouns.*

(b) All words in which the final syllable is an O, whether this be actually the final letter of the determinant vowel in the syllable (as in endings in —oi, —os, —ou, and the like), are *adjectives.*

(c) All words in which the final syllable, etc., is E are *verbs in the present.*

(d) All words in which the final syllable, etc., is in I are *verbs in the past.*

(e) All words in which the final syllable, etc., is in U are invariable, i.e., adverbs, prepositions, conjunctions and the like.

(f) The insertion of the vowel I before the determinant vowel of any noun or adjective makes it feminine, and of any verb makes it passive. (Thus, homa means man and homia means woman, verita means truth an veritia means truthfulness).

(g) The one-syllable groups beginning with I and E are exceptions to the above rules (thus in, en, es, is, and the like, are not verbs, since there is no verb «er»).

(h) The abstract and invariable «in» «ex» and the like may be prefixed to any verb to alter its meaning to the effect produced by their meaning. Thus, «amer» means «to love», «inamer» «not to love».

(i) The articles are adjectives and follow the adjectival rule, and the direct personal pronouns are nouns and follow the noun rule: Thus, «o» and its derivates are «the», and «a» is I, «as», thou; etc.

(j) The apostrophe. (...)

2. (a) Todas as palavras cuja sílaba final é em A, quer seja a última letra ou a letra determinante (como as terminadas em —ai, —as, —au, etc.) são *nomes.*

(b) Todas as palavras cuja sílaba final for em O, quer

seja a última letra ou a vogal determinante na sílaba (como nas terminadas em —oi, —o, —ou, etc.) são *adjectivos.*

(c) Todas as palavras cuja sílaba final, etc., é E são *verbos no presente.*

(d) Todas as palavras em que a sílaba final, etc., é I, são *verbos no passado.*

(e) Todas as palavras em que a última sílaba, etc., é em U são invariáveis, isto é, advérbios, preposições, conjunções, etc.

(f) A inserção de uma vogal I antes da vogal determinante de qualquer nome ou adjectivo torna-o feminino, e antes de qualquer verbo torna-o passivo. (Assim, homa significa homem e homia significa mulher, verita significa verdadeiro e veritia significa verdadeira).

(g) Os grupos de uma sílaba começados por I e E são excepções às regras acima enunciadas (assim, in, en, es, is, etc., não são verbos porque não existem verbos em «er»).

(h) O abstracto e o invariável «in» «ex» e etc., podem ser prefixos de qualquer verbo para alterar o seu sentido. Assim, «amer» significa «amar» e «inamer» «não amar».

(i) Os artigos são adjectivos e seguem a regra adjectival, e os pronomes pessoais directos são nomes e seguem a regra do nome. Assim, «o» e seus derivados são «o/a» e «a» eu, «ta» tu, etc.

(j) O apóstrofo. (...)

38.

There are several ways in which a wholly artificial language can be devised, but a wholly artificial language meaning one unconnected with any natural language — would present useless difficulties in being learnt. It would not be impossible to devise something like a mathematical language, an algebra in language.

1. Latin being the root-language commom to all European languages (whatever other languages enter into the formation of this or that modern language), an artificial language would be naturally based on Latin, and only on Latin, except where recourse would have to be had to Greek, which, again, is what happened within Latin itself. This would give the artificial language whatever little naturalness it could possess, making it, in a manner, a sort of Romance language of the brain. It would also make it relatively easy to learn.

2. The language would work on a simplified scheme of spelling and of pronounciation. No double letters would be used, whether duplicates, as «ll» «mm» and the like, or groups such as «ch», «sh» and the like; an exception might be made for «rr» and «ss», but, in the latter case only if «z»

is eliminated (and, at any rate, even «rr» should be avoided). The alphabet used would thus be the normal one, omitting the non-latin «k» and «w»; «y» might also be omitted or used only substitutively, instead of «ii». There would be no diphthontal finals. No accents would be used at all. All words would be accented on the penultimate syllable, except words ending in «I» and another vowel — such as «ie», «ia» endings — where, the group thus formed being held to be one syllable, the accent would fall on the syllable before. This would eliminate the difficulty of mastering orthography, which is a real one in any language and a fairly serious one in some.

3. The parts of speech would have distinctive endings; all nouns, say, would end in A or syllables containing A (such as al, ia, as), all adjectives in O or syllables containing O, all adverbs, as also all words not nouns, adjectives or verbs, would end in U, in the same manner; all verbs would end, in the same sense, in E when in the active, in I when passive. Endings of nouns adjectives, considering cases, would be in A or O, or in these letters plus M, N, L, R and S and no other consonants. Endings of verbs, considering (tenses and) persons, would end in E or I or in these letters plus M, N, L, R, S, T, D, NT and ND. Any word ending in A or O and any other consonant but M, N,

L, R and S would be a part of speech other than a noun, adjective, adverb or verb. The same would apply to any word ending in E or I plus any consonant other than M, N, L, R, S, T or D.

4. Nouns would have no grammatical gender, but they would have, of course, singular and plural, and three cases — nominative, accusative and genitive — in each; this for facility of placing words in the sentence without risk of error, especially between subject and object. Adjectives, declined like nouns and agreeing with them in all except gender which neither would have, would, however, have to be used as nouns, as in all languages there are, and it would then be necessary to give them a gender. An adjective used as noun can have three genders. When we say «the poor», we may mean the poor in general, men and women, when the gender is neuter, we may mean poor men, when the gender would be masculine, or poor women, when the gender would be feminine. It should be possible to establish a clear distinction, and this can be very easily done by having three genders in the article and determining the gender of the substantival adjective by opposition of the proper article.

5. There would be three articles, the definite, the indefinite and the abstract; the latter would be applied

when we would apply no article at all, and its purpose would be to distinguish substantival adjectives when necessary. Let us take the expression «Poor Men's Hope»; this is not the same as «*The* Poor Men's Hope». «Poor Men» would be rendered in this language by the adjective Poor used as a noun. If we applied the simple «os», we would have «The Poor Men»; if we applied the simple «los» we would have «The Poor Women». *We can apply nothing at all*, but in one case or another this might cause confusion with another noun, leading the reader to presume the adjective used as an adjective and not as a noun; apart from this we would not be able to distinguish whether it is «Poor Men's» or «Poor Women's», since the gender-article would not be present. It is in this case that we apply the proper gender of the abstract article «to» (masculine) or «do» (feminine). Then «Poor Men's Hope» will be «Ton Paupron Spa», as «Poor Women's Hope» will be «Don Paupron Spa». (It will be remembered of course that «ton» or «don» «paupron» is here a genitive).

Abstract nouns would be formed from the concrete ones by inserting «I» between the last consonant and the terminal A. Thus, if «vira» means «man», «viria» would mean manhood; the accent on the «vi» is, as explained above, maintained.

Nouns would have no grammatical gender. Gender, unless it means sex, is an absurdity, and when the noun indicates sex it is a superfluity. There is no logical reason why «house» should be feminine in any language, or masculine, and there is no need for a feminine terminal to show us that «woman» is not masculine.

Adjectives would be formed from, or adapted to, nouns by the simple of conversion of their final a into O, and, of course, of final IA, in the abstract nouns, into IO. Thus, if «vira» means man and «viria» manhood, «viro» would mean manly and «virio» some inexistent adjective (in this case) corresponding to the adjective of manhood. In the example, it would be used, for instance, instead of «manhood's», as in «manhood's joy», which would be, say «virio gauda», as distinct from «virile (or manly) joy», which be «viro gauda», from «man's joy», which would be «viral gauda», from «the joy of manhood», which would be «virial gauda».

Three cases would be used, but not more. The accusative is essential to mark at once the object in the sentence and to indicate nouns (or adjectives) ruled by a preposition, since all prepositions would rule the accusative. The use of the genitive is its convenience, as a possessive indication, and to avoid the constant use of prepositions meaning «of». Further cases, however, would complicate the matter uselessly. The uses of the accusative and the genitive are simple «anywhere»; those of the dative and the ablative in Latin are confused and irregular, as all who have studied Latin know.

There would, for perfect clearness, be ten personal pronouns, corresponding, not only to the explicit and clear I, thou, we, you, but to the three forms he, she, and it (or nothing) and *three* plurals for these — one meaning «they masculine», the other «they feminine», the last «they abstract», indeterminate or masculine and feminine.

The tenses of the verb would have the same ten persons as the personal pronouns, but, the persons being indicated by the suffix, no pronoun would have to be used, unless in circumstances where some stressing of the meaning were require, as in «*they* do not know». These personal suffixes would be the same for all tenses, being, say, and in the order of first person singular, second person singular third person abstract singular, third person masculine singular and third personal feminine singular and the corresponding plurals: e, es, el, et, ed, em, en, er, ent and end, in the active tense, and, of course, i, is, il, it, id, im, in, ir, int, and ind in the passive tenses. Thus, «amel» would mean «loves» or «it loves», «amet» «he loves», «amed» «she loves», the «it» suffix being applied whenever the verb is abstractly used or the subject noun has no definitive sex. Certain absurdities of natural languages would have to be eliminated — a ship being «she», a country being «she» (even when its name is grammatically masculine, as «Portugal») or a male ape being «it».

The tenses of the verbs would be very many, so they might cover many shades of meaning which in natural languages are conveyed unwieldy auxiliaries. I would conjugate a verb so the following tenses were all represented: I love, I am loving, I am going to (or about to) love, I was loving, I was going to (or about to) love, I have been loving, I had been loving, I may love, I might love, I can love, I could love…

In the case of the tenses, the point would be to obtain a complete and unequivocal meaning, covering all possible shades of meaning. There are two ways to do this: one is to provide a great number of tenses in the verb itself, all with the same personal suffixes, and covering, not only the complex meanings, such as «I had loved» of some Romance languages («I had loved» is, for example, «amara» in Portuguese), but still more complex meanings, such as «I could have loved» and the like; another is to base precision on a very complete elaboration of auxiliaries. The first method is to conciser, and so to speak, the more scholarly, but it has one objection in the confusion that might result. It is not difficulty in learning, for, even if there were as many as eighty tenses of the sort (meaning eighty in the active verb since the corresponding eighty in the passive would be based on the same system and therefore automatically learned with those of active) any person with a normal memory would get the whole by heart in an hour. The difficulty is of another sort. These tenses could be obtained only by insertion, between the radical or root and the personal or impersonal suffix, of two or three distinctive letters establishing the tense; now these might confuse issues later, the perfect tense, say, of a verb being confused with the present of another. An example will make this clear. «Ame» is I love; let us suppose I wish to make a tense for «I am loving». This would be done, according to the method stated by inserting, say «ab» between the radical and the terminal; «I am loving» would be «amabe». From this it is at once clear that there would be no difficulty in getting up something like eighty cases in the active verb, and on corresponding eighty in the passive: we have five vowels and could use, without ugliness, about sixteen consonants, and sixteen by 5 is 80 — 81 with the present tense, where nothing is inserted. Thus «I was loving» might be «amebe», just as «I am being loved» would be «amabi» and «I was being loved» «amebi».

The trouble would be in the possible confusion between one of the insert consonants and the radical consonant of another verb. «Amabe» is «I am loving» on the example hypothesis, being made from the verb *«amere»* (say) «to love»; but suppose there is a verb «amabere», meaning something else, how are we immediately to distinguish whether «amabe» is the continuous present of «amere» or the indicative present of «amabere»? It is true that coincidences of this kind occur in natural languages, sometimes to a great extent; but in an artificial language no coincidences should occur, as they should not in a detective story, for it to be true to life where they do occur.

This leads naturally to prefer the less scholarly but more practical — perhaps even more logical, in one sense — composition of essential tenses by auxiliaries. The verb itself need but have, as tenses of its own, the present, the past and the future — say «ame» «amie» and «amue» in the active, «ami» «amy» and «amui» in the passive, these being the simple and abstract, «I love», «I loved», «I shall (or will) love», «I am loved», «I was loved» and «I shall be loved»; the present and past infinitives — «amer (?)», «amier» in the active, «amir» and «amyr» in the passive (with a possible «future infinitive», since it is available, in «amuer» and «amuir», respectively active and passive); The present, past and future participles (...) and the imperative (...).

A complication arises with the participles for these are adjectives, and we are therefore, in a sense, out of the verb. The obvious solution, the natural one at least, is to make them out of the verb by adding «ato» to the radical, but confusion might ensure from a clash with adjectives ending in «ato» and not made from the verbs. There would be, however, no clash but coincidence, for any noun in «ata» (there would not be many, and it would not be difficulty to make it so that there should be none) would have corresponding to it an adverb in (...).

A verbal noun would also be similarly made, as «amata» meaning «loving». Thus «loving is sweet» which in French would be «aimer (the infinitive) est doux» would be «amata dulco» or «amata dulco el».

For reasons to be seen later no noun properly such would end in «ata»; this is the only restriction.

The case of gender arises in three connections — the distinction between male and female animals, in respect of which it would be tedious and prolix to have to arrange different names for each and the dissimilar distinction between male and female in such cases as «actor», «author», «receiver», «prayer»; case of adjectives used as nouns. This is, however, easily solved by the article.

Língua Internacional

Há muitas maneiras de conceber uma língua inteiramente artificial, mas uma língua inteiramente artificial — quer dizer uma língua sem ligação com qualquer língua natural — levantaria desnecessariamente dificuldades na sua aprendizagem. Não seria impossível imaginar uma espécie de uma língua matemática, uma álgebra na língua.

1. Sendo o latim a língua-base comum a todas as línguas europeias (ainda que outras línguas entrem na formação desta ou aquela língua moderna), uma língua artificial deveria ter naturalmente por base o latim, e só o latim, excepto quando houvesse necessidade de recorrer ao grego, o que, volto a repetir, foi o que aconteceu com o latim. Isto contribuiria para aliviar a língua artificial dos seus aspectos não naturais, transformando-a, de certa maneira, numa espécie de língua românica mental. Este facto contribuiria igualmente para que ela fosse uma língua relativamente fácil de aprender.

2. A língua funcionaria segundo um esquema simplifi-

cado do ponto de vista da sua grafia e da sua pronúncia. Os dígrafos não seriam usados, quer fossem consoantes duplas como «ll» «mm» etc., ou grupos consonânticos como «ch», «sh», etc.; uma excepção poderia ser feita para «rr» e «ss», mas no último caso só se «z» fosse eliminado (e, de qualquer forma, mesmo «rr» deveria ser evitado). O alfabeto usado deveria ser, portanto, o normal, omitindo o «k» e «w» não-latinos; «y» poderia também ser omitido ou ser unicamente usado para substituir «ii». Não haveria ditongos finais. Os acentos seriam abolidos. Todas as palavras seriam acentuadas na penúltima sílaba, excepto as palavras terminadas em «i» e outra vogal — como, por exemplo, os finais em «ie», «ia» — onde o grupo então formado seria considerado uma sílaba, o acento cairia na sílaba anterior. Isto eliminaria a dificuldade em dominar a ortografia, problema real em qualquer língua e muito sério em algumas delas.

3. As partes do discurso teriam finais distintos; todos os nomes, por exemplo, terminariam em A ou em sílabas com A (como al, ia, as); todos os adjectivos em O ou sílabas com O; todos os advérbios, bem como todas as palavras que não fossem nomes, adjectivos ou verbos, terminariam todas igualmente em U; todos os verbos, na voz activa terminariam em E e, na passiva, em I. As terminações dos nomes e adjectivos, seriam em A ou O, conforme o caso, ou

nestas letras seguidas de M, N, L, R, e S e mais nenhuma outra consoante. As terminações dos verbos, tendo em conta os tempos e a pessoa, terminariam em E ou I, seguidas ou não de M, N, L, R, S, T, D, NT e ND. Qualquer palavra terminada em A ou O e em qualquer consoante exceptuando M, N, L, R e S pertenceria a uma parte do discurso que não fosse nome, adjectivo, advérbio ou verbo. O mesmo se aplicaria a qualquer palavra terminada em E ou I, seguida de qualquer consoante que não fosse M, N, L, R, S, T ou D.

4. Os nomes não teriam género gramatical, mas teriam, evidentemente, singular e plural, e três casos — nominativo, acusativo e genitivo — para cada um deles, respectivamente; o que facilitaria a ordenação das palavras na frase sem risco de erro, especialmente entre o sujeito e o objecto. Os adjectivos declinar-se-iam como os nomes e concordariam com eles em tudo, salvo no género que não teriam, contudo, poderiam ser usados como nomes como o são em todas as línguas, e seria, nesse caso, necessário atribuir-lhes um género; um adjectivo utilizado como nome poderia ter três géneros. Quando dizemos «o pobre», podemos querer dizer o pobre em geral, homens e mulheres, quando o género é neutro; podemos querer dizer homens pobres quando o género é masculino ou mulheres pobres se o género for feminino. Deveria ser possível estabelecer uma

distinção clara, o que poderá facilmente ser feito, se o artigo tiver três géneros e determinarmos o género do adjectivo substantivado por aposição do artigo adequado.

5. Teríamos, assim, três artigos: o definido, o indefinido e o abstracto; este último seria usado quando não empregássemos qualquer artigo e a sua função seria a de distinguir o adjectivo substantivado sempre que necessário. Tomemos a expressão «Esperança dos Homens Pobres»; não é a mesma coisa que «*A* Esperança dos Homens Pobres». «Homens Pobres» seria traduzido nesta língua pelo adjectivo pobre usado como nome. Se empregássemos simplesmente «os» teríamos «Os Homens Pobres»; se usássemos «los» teríamos «As Mulheres Pobres». *Podemos não aplicar nada*, mas, quer num caso, quer no outro, isto poderia causar confusão com outro nome, levando o leitor a interpretar o adjectivo usado como um adjectivo e não como um nome, para além disso não seria possível distinguir se se tratava «dos Homens Pobres» ou «das Mulheres Pobres», uma vez o artigo-género não estar presente. É neste caso que empregamos o género próprio do artigo abstracto «to» (masculino) ou «do» (feminino). Então «A Esperança dos Homens Pobres» seria «Ton Paupron Spa», como «A Esperança das Mulheres Pobres» seria «Don Paupron Spa». (Convém, é claro, lembrar que «ton» ou «don» «paupron» é, aqui, um genitivo).

Os nomes abstractos seriam formados a partir dos concretos pela inclusão do «I» entre a última consoante e o A final. Assim, se «vira» significa «homem», «viria» significaria «humanidade»; o acento em «i» mantém-se, como foi atrás explicado.

Os nomes não teriam género gramatical. O género, a menos que signifique sexo, é absurdo; e quando o nome indica o sexo é supérfluo. Não há razão lógica para que «casa» seja masculino ou feminino em qualquer língua; e não há necessidade de um final feminino para nos mostrar que «mulher» não é masculino.

Os adjectivos seriam formados dos nomes, ou adaptados para nomes, pela simples conversão do A final em O e, naturalmente do IA, final dos nomes abstractos, para IO. Assim, se «vira» significa «homem» e «viria» «humanidade», «viro» significaria «viril» e «virio» significaria algum adjectivo inexistente (neste caso), correspondendo ao adjectivo de humanidade. No exemplo seria usado, em vez de «da humanidade» como em «alegria da humanidade», que seria, por exemplo «virio gauda», distinto de «virile (ou macho) joy» que seria «viro gauda», a partir de «alegria do homem» que seria «viral gauda» a partir de «alegria da humanidade» que seria «virial gauda».

Três casos seriam usados, mas não mais. O acusativo é essencial para marcar desde logo o objecto na frase e para indicar nomes (ou adjectivos) regidos por uma preposição, uma vez que todas as preposições regeriam o acusativo. O uso do genitivo é conveniente como indicação do possessivo e para evitar o uso constante de uma preposição significando «de»; mais casos, contudo, complicariam o assunto desnecessariamente. Os usos do acusativo e genitivo são simples em qualquer situação; os do dativo e o ablativo em latim são confusos e irregulares, como todos os que estudaram latim sabem.

Haveria, para perfeita clareza, dez pronomes pessoais correspondendo, não só ao claro e explícito «eu», «tu», «nós» «vós», mas às três formas «ele», «ela» e neutra (ou nada) e três plurais para estas formas — um significando «eles», masculino; outro significando «elas», feminino; o último abstracto «eles», indeterminado, ou masculino ou feminino.

Os tempos dos verbos teriam as mesmas dez pessoas como os pronomes pessoais, mas essas pessoas seriam indicadas pelo sufixo, nenhum pronome teria de ser utilizado, a não ser em circunstâncias em que fosse necessário reforçar o significado, como em «*Eles* não sabem». Estes sufixos pessoais seriam os mesmos para todos os tempos sendo, a ordem a seguinte: 1ª pessoa do singular, 2ª pessoa do singular, 3ª pessoa abstracta singular; 3ª pessoa masculina singular e 3ª pessoa feminina singular e os respectivos plurais: e, es, el, et, ed, em, en, er, ent e end nos tempos da voz activa, e evidentemente i, is, il, it, id, im, in, ir, int e ind para os tempos na passiva. Então «amel» significaria «ama» ou «isso ama», «amet» «ele ama», «amed» «ela ama»; o sufixo «it» sendo aplicado quando o verbo é usado abstractamente ou quando o nome sujeito não tem sexo definido, certos absurdos das línguas naturais teriam de ser eliminados — um barco sendo «ela», um país sendo ela (mesmo quando o seu nome é masculino gramaticalmente como é o caso de Portugal) ou o macaco sendo masculino «it».

Os tempos dos verbos seriam muitos, pelo que poderiam cobrir várias matizes de significados que nas línguas naturais são dadas pelos seus auxiliares. O verbo seria conjugado de modo a que os seguintes tempos fossem todos representados: eu amo, eu estou a amar, eu estou prestes a amar, eu estive a amar, eu estive prestes a amar, eu tenho estado a amar, eu tinha estado a amar, eu poderei amar, eu poderia amar, eu posso amar, eu podia amar.

No caso dos tempos, o objectivo seria obter um significado completo e inequívoco, abrangendo todos os possíveis significados. Há duas maneiras de fazer isto: uma é criar um número variado de tempos no próprio verbo, todos com os mesmos sufixos pessoais, e abrangendo não só os significados complexos, como «eu tinha amado» de algumas línguas românicas, como é, por exemplo «amara» em português, mas ainda significados mais complexos como «Eu podia ter amado» etc.; outra maneira é basear esta precisão numa exaustiva elaboração de auxiliares. O 1º método é mais conciso e, por assim dizer, o mais erudito. Contudo, apresenta uma objecção pela confusão que daí pode resultar. Não levanta dificuldade em aprender, porque mesmo que houvesse 80 tempos (ou seja 80 na forma activa uma vez que os 80 da voz passiva seriam baseados no mesmo sistema e por isso automaticamente aprendidos com os da voz activa). Qualquer pessoa normal com memória normal decoraria tudo numa hora. A dificuldade é de outra ordem. Estes tempos poderiam ser obtidos apenas pela inclusão entre o radical ou raiz e o sufixo pessoal ou impessoal das 2ª e 3ª letras distintivas que caracterizam o tempo; isto pode complicar o assunto posteriormente, o tempo mais-que-perfeito de um verbo pode ser confundido com o presente de outro. Um exemplo tornará isto mais claro «ame» é eu amo; suponhamos que desejo formar um tempo para «estou a amar». Isto seria feito, de acordo com o método descrito, pela inclusão de «ab» entre o radical e o final «estou amando» seria «amabe». Por aqui é fácil verificar, desde logo, que não haveria dificuldade em aprender 80 casos na voz activa e os correspondentes na passiva: temos 5 vogais e poderíamos utilizar, sem que isso causasse dificuldades, 16 consoantes e 16x5 dá 80 — 81 com o presente, ao qual nada é acrescentado. Logo, «eu estava amando» poderia ser «amabe» tal como «estou a ser amado» poderia ser «amabi» e «eu estava sendo amado» «amebi».

O problema situar-se-ia na possível confusão entre uma das consoantes inclusas e a consoante do radical de outros verbos. «Amabe» é, no hipotético exemplo, criado a partir do verbo «amere» (por exemplo) «amar», mas suponhamos que existe um verbo «amabere» que significa outra coisa, como poderíamos distinguir de imediato se «amabe» é o presente contínuo de «amere» ou o presente do indicativo de «amabere»? É verdade que coincidências deste género ocorrem nas línguas naturais, por vezes com grande frequência, mas numa língua artificial não devem ocorrer coincidências, tal como não devem ocorrer numa história policial, para que sejam mais reais quando ocorrem na vida.

Isto leva a optar pelo método menos intelectual, mas mais prático — talvez mesmo o mais lógico, num certo sentido — a formação dos tempos principais por auxiliares.

O próprio verbo precisa de ter como tempos próprios o presente, o passado e o futuro — e, «ame» e «amie» e «amue» na activa ; «ami», «amy» e «amui» na passiva, estes sendo o simples e abstracto «eu amo», «eu amei», «eu amarei», «eu sou amado», «eu fui amado» e «eu serei amado»; o presente e passado infinitivos — «amer», «amier», na voz activa, «amir» e «amyr», na passiva (com um possível «futuro infinitivo», uma vez que está disponível em «amuer» e «amuir», respectivamente forma activa e passiva); os particípios presente, passado e futuro (...) e o imperativo.

Uma complicação surge com os particípios, pois estes são adjectivos, e estamos por isso, num certo sentido, fora do verbo. A solução óbvia, a natural pelo menos, é formá-lo a partir do verbo, adicionando «ato» ao radical, mas isso pode originar uma confusão com os adjectivos terminados em «ato» e não ocasionada pelo verbo. Não haveria, todavia choque, mas coincidência com qualquer nome terminado em «ata» (não haveria muitos, e não seria muito difícil garantir que não houvesse nenhum) teria como correspondente um verbo em (...)

Um nome verbal seria construído da mesma maneira como «amata» que significaria amando. Assim «Amar é doce» que em francês seria «aimer (infinitivo) est doux» seria «amata dulco» ou «amata duco el».

Por motivos a serem estudados posteriormente, nenhum nome propriamente dito terminaria em «ata», esta é a única restrição.

O caso do género surge em três vertentes — a distinção entre animais masculinos e femininos, para os quais seria monótono e prolixo arranjar diferentes nomes para cada um; a distinção não heterogénea entre masculino e feminino nos seguintes casos «actor», «autor», «receptor», «rezador» e o caso dos adjectivos usados como nomes. Isto é, no entanto, facilmente resolvido pelo artigo.

As Cinco Línguas Imperiais

39.

O conflito dos idiomas estabelece-se hoje, quanto à universalidade possível, somente entre duas línguas — o inglês e o francês. Nenhuma outra pode aspirar a uma primazia de segunda língua nos bilingues. As vantagens estão todas do lado da Inglaterra, salvo se se entende que o uso de uma língua universal se deve limitar à expressão simples. Nesse caso o francês, língua restricta e precisa (as duas coisas são conexas), é preferível a qualquer outra língua de que haja claro conhecimento, exceptuando a latina. E o francês é mais fácil de aprender que o latim, e sobretudo é fácil de aprender na sua pureza, pois uma lógica social rígida o reduziu a sistema.

Se, porém, entendemos que uma língua universal deve ser não apenas simples, senão que deve reunir os característicos completos de uma língua amplamente utilizável, para que seja universal em dois sentidos, então o inglês tem a primazia, não só sobre o francês (seu único concorrente formal à universalidade) senão também sobre qualquer outro idioma. O inglês é a língua hoje mais amplamente espalhada pelo mundo; e é a língua falada por o maior número de povos independentemente importantes no mundo, pois como tais se devem considerar, não só os Estados Unidos, mas também a União Sul-Africana, a Austrália, e, em certo modo, a Índia. O inglês é a língua que tem a maior das literaturas modernas, e uma das duas maiores, sendo a outra a grega, de todo o tempo. Tem a maior das literaturas modernas, quer no alto sentido, quer no baixo sentido, da palavra; o âmbito do seu conseguimento vai de incluir Shakespeare e Milton — dois dos quatro ou cinco grandes génios do mundo — até aos autores correntes de contos policiais. E é, finalmente, uma língua que não pesa aprender; não tem complexidades gramaticais, nem complicações sintácticas, e, salva a relação entre a pronúncia e a escrita, não oferece oposição à mais ténue das capacidades de aprender.

40.
The Problem of Languages

If the possession of a great literature were in itself sufficient to establish, not the mere survival, but the widespread survival of a language, ancient Greek would to-day be the second language of civilization. But even Latin, which was once this, has been able to continue being this. To have a hold on a quantitative future, a language must possess something more than a great literature: the possession of a great literature is an advantage more real than actual, it will save a language from death but will not promote it to life.

The primary condition for a large hold on a future is, in a language, its natural widespreadness, and this depends on the mere physical fact of the number of people who speak it naturally. The secondary condition is its ease in being learnt; if Greek were easy to learn, we would all have Greek to-day as a second language. The tertiary condition is that the language be as pliant as possible, so that there be in it as full a capacity for expression of all moods as can be, a consequent capacity to admit, by translation, the reflex of other languages and thus dispense, from the literary standpoint, with the learning of them.

Now, taking not only the present but the immediate future, in so far as it may be considered as developing on the embryo conditions of our time, there are only three languages with a popular future — English (which has already a widespread hold), Spanish and Portuguese. They are the languages spoken in America, and in so far as Europe means European civilization, Europe is becoming more and more settled in the Western continent. Such languages as French, German and Italian are never anything but European: they have not imperial power. So long as Europe was the world, they held their own, and even triumphed over the other three, for English was insular and Spanish and Portuguese right at the end. But when the world became the earth, the scene shifted.

It is therefore among three languages that the future of the future will lie.

O Problema das Línguas

Se ter uma grande literatura fosse, por si só, suficiente para impor, não a mera sobrevivência, mas a vasta e duradoura sobrevivência de uma língua, o grego seria hoje a segunda língua da civilização. Mas nem sequer o latim, que também chegou a ser a segunda língua da civilização, conseguiu manter a sua supremacia. Para assegurar a sua permanência no futuro, a língua tem de ter algo mais do que uma grande literatura: ser dona de uma grande literatura é uma vantagem positiva, mas não efectiva, pois salvará a língua da morte, mas não garantirá a sua promoção na vida.

A primeira condição para uma ampla permanência de uma língua no futuro é a sua difusão natural, o que depende do simples factor físico do número de pessoas que a fala naturalmente. A segunda condição é a facilidade com que poderá ser aprendida; se o grego fosse fácil de aprender, todos nós teríamos, hoje, o grego como segunda língua. A terceira condição é que a língua terá de ser o mais flexível possível, de modo a poder responder na íntegra, a todas as formas de expressão possíveis, e de consequentemente ser capaz de espelhar com fidelidade, através da tradução, a expressão de outras línguas e assim dispensar, do ponto de vista literário, a sua aprendizagem.

Ora, falando não só do presente, mas também do futuro imediato, na medida em que este possa ser considerado como factor de desenvolvimento das condições embrionárias do nosso tempo, só há três línguas com um futuro popular — o inglês (que já tem uma larga difusão), o espanhol e o português. São línguas faladas na América, e como Europa significa civilização europeia, a Europa tem-se radicado cada vez mais no continente ocidental. Assim línguas como o francês, o alemão e o italiano só poderão ser europeias: não têm poder imperial. Enquanto a Europa foi o mundo, estas dominaram, e triunfaram mesmo sobre as outras três, pois o inglês era insular e o espanhol e o português encontravam-se num dos seus extremos. Mas quando o mundo passou a ser o globo terrestre este cenário alterou-se.

Será, portanto, numa destas três línguas que o futuro do futuro assentará.

41.

Babel — or the Future of Speech[23]

A real man cannot be, with pleasure and profit, anything more than bilingual. One language, even if carefully codified in its rules and precisions, is difficult enough to hold and spread out; two are the human limit for any man who is not born to suicide as a philologist of the useless.

We must make English the Latin of the wider world. To that end not only does a great population concur, but also a great literature and a great power[24] of a still greater literature.

Temos de pactuar com a realidade. Não podemos fazer da língua portuguesa o privilégio da humanidade. Podemos, porém, convertê-la em metade de tal privilégio. Os Deuses não nos concedem mais: não podemos aspirar a mais.

Concentremo-nos no português, como ele se houvesse de ser tudo; não esqueçamos porém que ele pode não poder ser mais que metade de tudo.

O Quinto Império todo pelo espírito — metade pelo verbo.

Usando do inglês como língua científica e geral, usaremos do português como língua literária e particular. Teremos, no império como na cultura, uma vida doméstica e uma vida pública. Para o que queremos aprender leremos inglês; para o que queremos sentir, português. Para o que queremos ensinar, falaremos inglês; português para o que queremos dizer.

Babel — ou Futuro da Fala

Um verdadeiro homem só pode ser, com prazer e proveito, bilingue. Uma língua ainda que minuciosamente codificada nas suas regras e normas, é bastante difícil de dominar e difundir; duas são o limite humano de qualquer homem que não nasceu para se suicidar como filólogo da inutilidade.

Devemos transformar o inglês no latim do mundo inteiro. Para isso não basta ter uma grande população, mas também uma grande literatura e a capacidade de vir a ter uma literatura ainda maior.

42.

A circunstância curiosa de o dos maiores crentes, se não o maior, no Bandarra ser o Padre António Vieira, o maior representante cultural da língua portuguesa.

O português é (1) a mais rica e mais complexa das línguas românicas, (2) uma das cinco línguas imperiais, (3) é falado, senão por muita gente, pelos menos do Oriente ao Ocidente, ao contrário de todas as línguas menos o inglês, e, até, certo ponto o francês, (4) é fácil de aprender a quem saiba já espanhol (castelhano) e, em certo modo, italiano — isto é, não é uma língua *isolada* (5) é a língua falada num grande país crescente — O Brasil (podia ser falada de Oriente a Ocidente e não ser assim falada por uma grande nação).

Estes argumentos não pesarão se outras circunstâncias os não apoiarem.

43.

O GRÉMIO DA CULTURA PORTUGUESA assenta os seus intuitos nos seguintes fundamentos:

(1) Não há separação essencial entre os povos que falam a língua portuguesa. Embora Portugal e o Brasil sejam poli-

ticamente nações diferentes, não são nações diferentes, contêm num sistema uma direcção imperial comum, a que é mister que obedeçam.

(2) A missão a que têm que obedecer as duas nações que formam o Império Português encontra-se estabelecida nas seguintes origens: (a) como memória e tradição, a fundação da civilização universal moderna pelo Infante D. Henrique, (b) como propósito e utopia, a criação pelos Sebastianistas, da ideia de um Império Português, e signado como o Quinto Império, e formado em bases diversas das de todos os impérios passados, (c) como tarefa de acção, concentração em uma unidade espiritual, a criar progressivamente, da tradição em que assenta a razão histórica do Quinto Império, e da esperança em que reside a razão religiosa dele.

(3) Acima da ideia de Império Potuguês, subordinado ao espírito definido pela língua portuguesa, não há fórmula política nem ideia religiosa.

(4) Para fixação dos meios materiais do Império, há que adoptar a fixação da linguagem, e, antes de mais nada, a ortografia etimológica, excluindo as extravagâncias simplificadoras criadas pela influência da política estrangeira.

NOTAS

PARTE I

Texto manuscrito, não datado. Mas pela referência que faz ao primeiro acordo ortográfico assinado entre Portugal e o Brasil, poder-se-á situá-lo num tempo posterior a 30 de abril de 1930, data da assinatura do referido acordo.

Os sublinhados e os parênteses retos são do autor, à exceção dos parênteses que aparecem na p. 50, linha 7 — [se] —, partícula por mim acrescentada para preencher lacuna do autor.

Não atualizei a ortografia nos casos óbvios dos exemplos que Pessoa expressamente apresenta para ilustrar as suas teorias.

Dr. Agostinho de Campos (p. 23, linha 7) — Professor catedrático de Filologia Românica, autor de *A defesa da unidade linguística de Portugal e do Brasil.* Foi um dos grandes defensores da Reforma Ortográfica de 1911.

Epifânio da Silva Dias (p. 26, linha 2) — Professor, latinista e helenista, pertenceu à Comissão da Reforma Ortográfica de 1911.

[1] Variante sobreposta a «pessoa moral»: «homem do povo».

[2] Variante sobreposta a «determinada»: «certa».

[3] Variante sobreposta a «quem»: «a que».

[4] Variante sobreposta a «registra»: «fixa».

[5] Variantes subpostas a «ambiente»: «meio», «público».

[6] Variante sobreposta a «legitimamente»: «sinceramente».

[7] Variante sobreposta a «presumidamente»: «presumivelmente».

[8] Variante sobreposta a «de»: «o».

[9] Variante sobreposta a «alegar-se»: «avançar-se».

[10] Variante sobreposta a «clareza»: «nitidez».

[11] Variante sobreposta a «saber dos»: «conhecer aos».

[12] Variante na linha, entre parênteses, a «de esse»: «de um».

[13] Variante sobreposta a «por»: «em».

[14] Variante sobreposta a «mental»: «espiritual».

[15] Variante sobreposta a «aspectos»: «modos».

[16] Optei por fixar a expressão «foi estabelecida» apesar de riscada pelo autor, para evitar que, neste passo, o texto fosse lacunar.

[17] Variante na linha, entre parênteses, a «como»: «quanto».

[18] Variante sobreposta a «esquecimento»: «lapso».

[19] Variante sobreposta a «fidalgo»: «composto».

[20] Variante subposta a «tratado»: «convenção».

[21] Variante na linha, entre parênteses, a «o da»: «a».

PARTE II

1.

Texto manuscrito.

O texto é encimado pela indicação: «Teoria da Ortografia».

Os sublinhados são do autor.

2.

Texto manuscrito.

3.

Texto misto.

Este texto é encimado pela indicação: «Ortografia».

[1] Segue-se o seguinte apontamento: «(exemplos de mas e senão, de há se de etc.)», possivelmente uma nota para não esquecer de acrescentar exemplos relativos aos elementos gramaticais entre parênteses.

[2] No original, Pessoa escreveu, por lapso, «a falada».

[3] Na mesma linha, o autor acrescentou, em inglês, provavelmente para tomar em conta num futuro desenvolvimento do texto: «(or the other way about)» (ou de outra maneira).

4.

Texto manuscrito.

Este texto, tal como o precedente, é encimado pela indicação «Ortografia».

Os parênteses retos são da responsabilidade do autor.

[4] Variante sobreposta a «e»: «pois».

5.

Texto manuscrito.

Os sublinhados são do autor.

O ponto 4 encontra-se entre parênteses, o que poderá querer assinalar uma redação provisória ou que este ponto é opcional.

[5] Variante sobreposta a «inevitáveis»: «fatais».

6.

Texto manuscrito.

Os sublinhados são do autor.

Deste testemunho só transcrevi o que tinha a ver com o assunto.

[6] Variante sobreposta a «Não se diz»: «Não se deve dizer, embora se diga».

[7] Variante sobreposta a «diz-se»: «deve dizer-se».

7.

Texto manuscrito.

Os sublinhados são do autor.

[8] Variante sobreposta a «concluirá»: «entenderá».

8.

Texto manuscrito.

Os sublinhados são do autor.

[9] Variante sobreposta a «no»: «do».

9.

Texto manuscrito.

Os sublinhados são do autor.

[10] Apesar de o autor ter riscado a palavra «significa» optei por a transcrever para evitar que o texto, neste ponto, fosse lacunar, dado não ter conseguido ler a palavra sobreposta que a substitui.

10.

Texto misto.

Este texto é encimado pela indicação: «Propriedade da linguagem».

11.

Texto manuscrito.

Os sublinhados são do autor.

Deste testemunho só fixei o que estava ligado com o assunto.

12.

Texto manuscrito.

À margem de «aeroplano», encontra-se o seguinte apontamento: «(cf. noctivolo)».

13.

Texto manuscrito.

Os sublinhados são do autor.

É realmente, como diz Pessoa, ao médico americano George Beard (1839-83) que se deve a criação do termo "neurastenia", que etimologicamente significa "fraqueza nervosa". Nos seus trabalhos *American nervousness, its causes and consequences* (1881), e *Sexual neurasthenia (nervous exhaustion), its higiene, symptoms, and treatment* (1883), descreve o quadro clínico desta doença que se centra na fadiga física de origem nervosa.

[11] Variante sobreposta a «na»: «em».

14.
Texto manuscrito.
Os sublinhados são do autor.

[12] Variante sobreposta a «cura»: «redução».
[13] Variante sobreposta a «produções»: «ultra-sambas».

15.
Texto misto.
Os sublinhados são do autor.
O verso que Pessoa cita como exemplo pertence ao poema *Voz de Deus.*

A frase «aquela rapaz» é Bernardo Soares que a emprega no seu *Livro do Desassossego*, «violando», como diz, «a mais elementar das regras de gramática, que manda que haja concordância de género».

Cf. António Quadros, *Fernando Pessoa, obra poética e em prosa,* vol. II, p. 619.

À frase «A prosódia, já alguém o disse, não é mais que função do estilo», seguem-se, na mesma linha, três pontos de interrogação entre parênteses, indicativos, provavelmente, da dúvida que assaltou Pessoa quanto ao autor da frase.

[14] Variante na linha, entre parênteses, a «aplicação»: «caso».

16.
Texto misto.

[15] Variante sobreposta a «gráfica»: «visual».

17.

Texto misto.

No final do texto, Pessoa acrescentou uma lista manuscrita de palavras cuja grafia obrigaria ao uso das seguintes consoantes duplas: «ct», «cç», «ll» e «tt».

18.

Texto datilografado.

Os sublinhados são do autor.

19.

Texto datilografado.

Este texto é encimado pela seguinte indicação: «Ortografia».

20.

Texto datilografado, encimado pela indicação: «Ortografia».

Os sublinhados são do autor.

21.

Texto manuscrito.

22.

Texto misto.

23.

Texto datilografado, encimado pela indicação: «Ortografia».

24.

Texto datilografado.

25.

Texto datilografado, encimado pela indicação: «Notas para um critério ortográfico».

No início do segundo parágrafo encontra-se a seguinte notação:«(?)», indicando, provavelmente, que Pessoa não estaria muito seguro quanto ao princípio que enuncia.

Neste mesmo parágrafo, depois do ponto final que se segue a «(e não poncto)» e imediatamente antes de «A manutenção dá-se», temos a indicação «(Ex.)», seguida de ponto final, o que poderá querer indicar que o autor teria a intenção de, nesse passo, colocar exemplo(s) que ilustrasse(m) esta sua nota «para um critério ortográfico».

26.

Texto datilografado, encimado pela indicação: «Ortografia».

27.

Texto misto.

Os sublinhados são do autor.

No final do texto, o autor acrescentou o seguinte: «ch em chiromancia etc.», procurando, talvez, elaborar uma lista de exemplos a incluir nas «Excepções à regra do CH grego».

28.

Texto manuscrito.

Os sublinhados são do autor.

À margem, no final do parágrafo do ponto 2. (a), Pessoa colocou a seguinte interrogação: «?haverá mais».

29.

Texto manuscrito, encimado pela indicação: «Ortografia».

Os sublinhados são do autor.

A este parágrafo seguem-se algumas notas constituídas por listas de palavras que serviriam, possivelmente, de exemplo a este critério ortográfico. No entanto, dadas as observações e interrogações apostas, optei por as não fixar. A título de curiosidade cito dois exemplos referentes, respectivamente, a cada um dos grupos consonantais: «dicção» e «fructo».

30.

Texto manuscrito, encimado pela indicação: «Ortografia portuguesa».

31.

Texto datilografado, encimado pela indicação: «Ortografia».

Embora não datado, este texto poderá situar-se num momento posterior a 30 de abril de 1931, pelas razões apontadas quando da proposta de datação do texto que constitui a Parte I.

32.

Texto manuscrito. Pelas razões apontadas no texto 31, este texto deve ser posterior a 30 de abril de 1931.

33.

Texto misto.

[16] Variante na linha a «the language of nationalities», resultante de correções manuscritas acrescentadas às palavras datilografadas e da colocação entre parênteses retos, da expressão «the language of nationalities»: «their languages».

[17] Variante sobreposta a «had»: «once».

[18] Variante sobreposta a «at»: «in».

[19] Pessoa refere-se ao seguinte provérbio inglês: «You can't eat your cake and have it». Poderemos, talvez, ver no provérbio português «Dois prazeres não cabem no mesmo saco» o seu equivalente.

[20] Pessoa, na *Mensagem*, inicia o poema «O Das Quinas» com este ditado grego que traduz da seguinte maneira: «Os Deuses vendem quando dão». Por isso, neste passo, usei a sua tradução.

34.

Texto misto.

[21] Variante sobreposta a «away»: «after».

[22] O livro do razão é o livro de contabilidade onde se lançam os resultados do débito e do crédito.

35.

Texto datilografado.

Pessoa refere-se, talvez, à *Curva de Gauss*. Karl Friedrich Gauss (1777-1855), matemático, físico e astrônomo alemão.

36.

Texto datilografado.

37.

Texto datilografado.

38.

Texto misto.

É de notar que, quando Pessoa tece os seus comentários relativamente aos gêneros das palavras, serve-se, para exemplificar a sua teoria, de palavras inglesas cujo gênero não corresponde ao das palavras portuguesas que as traduzem.

39.

Texto datilografado.

40.

Texto datilografado.

41.

Texto misto.

No final do texto o poeta acrescentou as seguintes linhas manuscritas: «Greek so different and so remoted of the modern greeks, will soon be [...] to the particular».

O grego tão diferente e tão distante dos gregos modernos, será rapidamente [...] para o particular.

[23] Variante subposta a «Speech»: «Language».

[24] Variante subposta a «power»: «possibility».

42.

Texto manuscrito, encimado pela indicação «Bandarra».

43.

Texto misto.

No final do texto, Pessoa acrescentou as seguintes linhas manuscritas: «O Grémio da Cultura Portuguesa selado com exaltada [...] a que (...). O Senhor D. Henrique, Infante de Portugal, (...). O imperador Afonso de Albuquerque (...), El-Rei o Infante D. Sebastião (...) O Bento António Vieira (...)».

POSFÁCIO

Em Demanda da Ortografia Etimológica

Os textos que dão corpo a este volume, tê-los-á, provavelmente, Pessoa escrito na intenção de dar forma a mais um dos muitos projetos que sempre pensou e que se ficaram, na maioria, por planos, fragmentos, esboços e anotações. Estes seus projetos são, talvez, esboços do texto que pensou escrever para representar o papel que a si próprio destinou de arauto da cultura e de Portugal. Assim, como espaço do seu campo de intervenção, propõe-se fundar empresas cuja organização e objetivos seriam por ele determinados. Foi, aliás, deste modo que *Athena* nasceu. Num dos seus projetos «Athena» era o nome previsto para uma empresa que tinha por atividade, entre outras, ministrar cursos de língua estrangeira, estabelecer intercâmbios de vária ordem (comercial e cultural) com organizações estrangeiras congêneres. Estava, ainda, no âmbito da empresa publicar uma revista com o mesmo nome e que seria, por assim dizer, o seu cartão de visita. *Athena*, a revista, essa chegou a ver a luz do dia, a empresa é que nunca passou do papel.

Na senda de «Athena» e sempre com o mesmo intuito, outros projetos são imaginados por Pessoa. Dentre eles, importa salientar «Cosmopolis», por a grande maioria dos seus objetivos confluir para o reconhecimento, valorização, divulgação e difusão da entidade cultural portuguesa. Nas «notes for its organization», Pessoa contempla 88 pontos. A oferta vai desde as tarefas mais simples e práticas — passar trabalhos à máquina; dar «informações diárias a respeito de câmbios, viagens de comboio, hóteis»; possuir um gabinete de leitura; fornecer «listas de casas para alugar»; ou ter a especialidade de «mandar vir livros do estrangeiro» — a outras, mais complexas, como fazer «buscas literárias em bibliotecas»; fazer «traduções para e de todas as línguas» (ação que ele próprio praticou); publicar um «guide-book» para turistas (possivelmente, o que deu origem ao livro *Lisboa: what the tourist should see*, publicado em 1992 por Livros Horizonte) e um *Anuário Geral sobre Portugal*, que parece ter sido posteriormente crismado com o título *All About Portugal*. Este volume contaria com o maior número de dados sobre o país de modo a poder dar a conhecer ao estrangeiro a riqueza multifacetada de Portugal.

Aparentemente da mesma época, por volta de 1919,[1]

[1] Data proposta tendo em conta um texto encimado pela indicação *G C P* que refere o assassinato recente de Sidónio Pais (14-12-1918) e por se inserir

data a criação do «Grémio da Cultura Portuguesa», agremiação que tinha por fim, como o próprio nome indica, divulgar e valorizar a cultura portuguesa em todas as suas formas. Estava mesmo dentro das suas atribuições, conforme consta do ponto nº 1, «Mandar executar mobílias, decorações, faianças, etc. ao gosto português. Isto inclui as próprias casas». Mas outras tarefas mais nobres estão postuladas nos seus fundamentos: criar todas as condições para que Portugal cumpra o seu destino de nação imperial. O Grêmio da Cultura Portuguesa propunha-se, assim, fixar «os meios materiais» desse futuro império espiritual que se subordinava «ao espírito definido pela língua portuguesa».[2]

No quarto fundamento[3] em que assenta os intuitos do Grêmio, Pessoa defende ser a ortografia etimológica o único meio material possível para a fixação do espírito que a língua portuguesa define. Através dela manifesta-se e fixa-se o espírito empreendedor do homem de escol português com o seu modo muito próprio de ser, estar, interpretar e construir o mundo.

E mais um projeto, talvez filho da urgência em fixar «os meios materiais do império», saiu da sua pena. Desta

---

«num vasto plano de intervenções que Pessoa congeminava por volta de 1919», cf. Teresa Rita Lopes, *Lisboa: o que o turista deve ver*, prefácio, p. 6.

[2] Cf., p. 151.

[3] Ibidem.

vez Pessoa propunha-se elaborar uma obra em «Defesa e Ilustração da Língua Portuguesa», que se dividia em dois capítulos:

«1. A Ortografia e a Prosódia

2. A Sintaxe dos Verbos.»

Num outro plano, provavelmente aparecido na seqüência deste, especifica o seu objetivo de criar um «Dicionário Ortográfico, Prosódico e Etimológico da Língua Portuguesa», também este constituído por duas partes:

«1. Definição da Língua Portuguesa
Ortografia e Prosódia.

2. Definição da Língua Portuguesa
Certeza e Propriedade da Linguagem.»

De todos os projectos que sonhou, poucos chegou a concretizar. Porém todos se inseriam nesse seu desejo de criar um Portugal mítico, ressuscitado pela nostalgia do passado perdido.

Já em 19 de janeiro de 1915, na sua carta a Armando Côrtes-Rodrigues, Pessoa confessa estar cada vez mais consciente da «terrível e religiosa missão» de que, na vida, fora investido. Afirma, ainda, que essa pesada responsabilidade guiará, doravante, todos os seus «propósitos» e «ambições». Propõe-se, assim, «ter uma acção sobre a humanidade» e «contribuir com todo o esforço para a civilização». A par deste seu dever de «cidadão do mundo», norteia-o, também, a responsabilidade que se atribuiu, enquanto cidadão nacional, de «erguer alto o nome português».

Para levar a cabo o ambicioso projeto de tornar Portugal no mentor de uma nova era civilizacional — uma civilização espiritual, onde reinaria a cultura — vai, com todo o seu esforço, procurar despertar o espírito do homem português que, a seu ver, «apareceu na civilização como homem harmónico, mente segura e planeadora, braço apto a realizar o que ele próprio planeou».[4] Com a sua palavra, único meio que escolheu para agir, procurará influenciar os espíritos, com o objetivo de «mover o meio pela inteligência». Convicto da capacidade influenciadora da Arte em geral, e, em particular, da que considera a maior de todas as artes — a literatura —, dela se servirá para «perturbar as almas» e «desorientar os espíritos». Contudo, o papel pragmático de guia e pedadogo que assumiu ser não se satisfaz apenas no ato criador. Como homem do e no seu tempo, e no intuito de cumprir plenamente aquilo a que chama o seu «dever cultural», sente, por vezes, necessidade de intervir de forma mais imediata e direta na sociedade portuguesa, respondendo, assim, ao que diz ser o seu «dever

[4] António Quadros, *Fernando Pessoa Obra Poética e em Prosa*, Porto, Lello & Irmão Editores, 1986, vol. III, p. 557.

social». «Dever cultural» e «dever social» são, na sua opinião, dois fenômenos distintos, dependendo o primeiro da consciência e o segundo da contingência humanas. Cabe-lhe, assim, na sua missão de poeta, pensador e pedagogo, agir, somente, segundo a sua consciência de modo a «estabelecer confusão intelectual» e a «obrigar a pensar por meio do conflito de doutrinas — religiosas, filosóficas, políticas, literárias e outras».[5] Este postulado regerá a sua participação ativa na sociedade portuguesa.

Embora a muitos possa parecer estranho, Pessoa foi, como afirma Teresa Rita Lopes, «à sua maneira um homem de acção».[6] Desenvolveu essa ação com a pena sempre pronta na defesa e divulgação desse espaço «criador de civilização» que a cultura representa. Por isso, fez ouvir a sua voz, quando um grupo da Liga de Ação dos Estudantes de Lisboa resolveu atacar do ponto de vista moral e de forma ameaçadora as *Canções* de António Botto ou *Sodoma Divinizada* de Raúl Leal; ou quando, reagindo ao projeto-lei apresentado pelo deputado José Cabral na Assembléia Nacional que visava a extinção das Associações Secretas, publicou no *Diário de Lisboa* o seu artigo em defesa da Ma-

[5] Cf., p. 22.

[6] *Pessoa Inédito*, org. Teresa Rita Lopes, Lisboa, Livros Horizonte, 1993, p. 38.

çonaria; ou ainda, quando escreveu o texto, que não chegou a publicar, em prol de uma grafia etimológica para a língua portuguesa. Muitos mais exemplos poderiam ser dados relativos a este seu papel de «indisciplinador de almas» (como declara num artigo para *O Jornal* em 1915), mas atenhamo-nos a este último que agora aqui publicamos.

Cidadão do e no seu tempo, como atrás se afirma, Fernando Pessoa não soube ficar alheio à aturada e arrastada polêmica que se gerou em volta da Reforma Ortográfica da Língua Portuguesa de 1911. As suas reflexões e propostas sobre a ortografia da língua pátria, bem como os comentários finais que a esse propósito faz, revelam bem quão profunda e atentamente o poeta seguiu tão aceso debate e justificam o seu marcado empenhamento na defesa da ortografia etimológica.

A Reforma Ortográfica de 1911, aprovada, no dizer de Pessoa, pelos «castelhanos inconscientes do Governo Provisório»[7] (constituído por Teófilo Braga — Presidente —, António José de Almeida, José Relvas, Afonso Costa, António Luís Gomes, Brito Camacho, Bernardino Machado, Azevedo Gomes, e Correia Barreto), surgiu na seqüência de uma proposta feita pelo então administrador da Imprensa

[7] Cf., p. 49.

Nacional, Luís Derouet, que, alertado por um relatório do Chefe de Gabinete de Revisão desse mesmo organismo, chamou a atenção do referido governo, quer para as divergências ortográficas que os documentos oficiais apresentavam por falta de uma norma que impusesse uma uniformidade, quer para o grande número de erros ortográficos que eles continham (situação que considerava ainda mais grave) por os compositores e revisores hesitarem na grafia a adotar.

De imediato, o Governo Provisório nomeou uma comissão (formada por Dona Carolina Michaëlis de Vasconcelos, Gonçalves Viana, Cândido de Figueiredo, Adolfo Coelho e Leite de Vasconcelos, à qual foram agregados, mais tarde, Gonçalves Guimarães, Ribeiro de Vasconcelos, Epifânio da Silva Dias, José Joaquim Nunes e Borges Grainha) para estudar o assunto. Aprovou o relatório por esta apresentado e deu ordem para que nas escolas e em documentos e publicações oficiais fosse adotada a nova grafia.

Não é contra a uniformização ortográfica que Pessoa se insurge, nem tampouco contra a que esta seja adotada pelo Estado nos seus organismos e publicações, mas, sim, contra o modo como tal uniformização se deu, valorizando a escrita fonética em detrimento da grafia etimológica que até então vigorava, e contra a unilateralidade que essa reforma revestiu. Na sua opinião, como «a língua, e portanto, a ortografia, portuguesa é profundamente conjunta de Portugal e do Brasil»,[8] o governo português deveria, por obrigação, ter consultado esse país irmão. Não o fez, e com isso lançou a primeira pedra que iria iniciar a destruição dessa «obra prima de patriotismo e de humanismo, trabalhada pacientemente por gerações dos nossos maiores».[9] Patriotismo e humanismo que protagoniza nos heróis-arquétipos da *Mensagem*, figuras heráldicas da «raça de criadores de impérios» que, comprometidos com a sua pátria, firmaram a identidade nacional e, num esforço épico continuado, deram ao mundo a universalidade do ser. O rasto destes heróis está vivo na língua que os escreveu, fixou e lhes concedeu a atemporalidade. Essa língua que é também, para Pessoa, o canal onde circula a seiva da cultura e a corrente que une Portugal ao Brasil e aos demais países do mundo que falam naturalmente o idioma português. Na etimologia do seu grafismo projeta-se, segundo o poeta, o momento áureo criador de cultura que a fixou.

Os protestos de Pessoa não deixam de ter o seu fundamento, pois, como é sabido, o fato de o Brasil não ter sido previamente consultado deu origem a um diferendo diplomático entre os dois países, tendo mesmo o governo brasi-

[8] Cf., p. 50.
[9] Cf., p. 49.

leiro chegado a acusar Portugal de «imperialismo linguístico».[10] Este diferendo durou alguns anos, apesar de, em 1912, a Academia de Ciências de Lisboa ter proposto à Academia Brasileira de Letras que conjuntamente trabalhassem numa reforma da ortografia. O acordo entre as duas Academias não foi fácil de conseguir e finalmente, em novembro de 1915, a decisão de ajustar a ortografia brasileira pela da reforma portuguesa de 1911 é tomada pela Academia brasileira. Mas, para o Brasil, este acordo continuava a não ser pacífico e a discórdia voltou a aflorar poucos anos mais tarde, em novembro de 1919. Uma vez mais, a Academia Brasileira de Letras revoga a adesão à ortografia portuguesa. Esta atitude da Academia brasileira merece todo o aplauso de Pessoa que vê nessa decisão uma afirmação contra o poder abusivo do Estado que, ultrapassando as suas competências, procura interferir na «esfera cultural», uma área que lhe não diz respeito, por pertencer ao domínio do pensamento e da consciência: «A ortografia é um fenómeno da cultura, e portanto um fenómeno espiritual. O Estado nada tem com o espírito».[11] É interessante, neste passo, abrir um parêntesis para notar que, alguns anos

[10] Cf. *A demanda da ortografia portuguesa*, org. Ivo de Castro, Inês Duarte e Isabel Leiria, Lisboa, Edições Sá da Costa, 1987.

[11] Cf., p. 88.

mais tarde, a propósito do Acordo Ortográfico de 1986, outro grande divulgador e defensor da cultura portuguesa, António José Saraiva, tenha manifestado uma opinião idêntica à de Pessoa quanto à intromissão do poder temporal do Estado no mundo espiritual da cultura e da liberdade da consciência individual. Para ele, exatamente como para o autor da *Mensagem*, «o governo criou em 1911 uma comissão para reformar a ortografia, como se a língua estivesse nas atribuições das leis e do Parlamento».[12]

Segundo o poeta, foi por consciência patriótica que o Brasil, apesar de, «depois de assente em acordo entre os governos português e brasileiro»,[13] recusou escrever na nova ortografia, pois «quis-se impor uma coisa com que o Estado nada tem a um povo que a repugna».[14] O exemplo dado pelo povo brasileiro deveria ter servido de alerta aos governantes portugueses, pelo menos, aos verdadeiramente patriotas, para que vissem quanto a reforma era corrosiva para a língua pátria. Na etimologia gráfica, a língua guardava a nobreza e a riqueza semântica dos elementos que acompunham. Era contra a pobreza com que pretendiam revestir a palavra portuguesa que Pessoa se batia.

[12] *Expresso* de 7 de junho de 1986.
[13] Cf., p. 88.
[14] Ibidem.

Este ato, que intitula de impatriótico, imoral e impolítico, levado a cabo pelo Governo Provisório, tem, mais adiante, um rosto que o representa e reforça: António José de Almeida (eleito para a Presidência da República em 1919, cargo que ocupou até 1923). O dedo acusador de Pessoa levantou-se, provavelmente, na seqüência da publicação da portaria de novembro de 1920 que altera algumas disposições da reforma de 1911, reforçando ainda mais o seu espírito simplificador. É bem possível que Pessoa tivesse depositado em António José de Almeida a esperança de que, dados os poderes que a Constituição lhe outorgava, ao invés de reforçar, por portaria, a reforma da ortografia, tivesse, à semelhança do Brasil, revogado a decisão que anteriormente a aprovara. António José de Almeida tinha tido na sua mão a possibilidade de impedir que se desvirtuasse a natureza e essência da língua portuguesa, representante máxima da missão a que Portugal estava destinado. Tinha lhe bastado, apenas, não dar o seu acordo.

Não é, por isso, sem mágoa que o poeta aponta a traição desse homem que tinha na conta de patriota e a quem por «ironia cruel» fora «distribuído, sem ele o saber, o papel de Miguel de Vasconcelos».[15] A simpatia que por ele

[15] Cf. , p. 49.

nutre e que parece ascender aos primeiros tempos da República força-o a procurar justificações para o ato que tanto condena: «António José tinha, ao menos, a desculpa de que, embora a reforma fosse desnecessária, tinha todavia em seu favor uma certa corrente de opinião em Portugal».[16]

Fernando Pessoa via em António José da Almeida o modelo republicano do patriota, talvez por este ter tido a coragem de desafiar Afonso Costa, opondo-se, de forma frontal, às suas atuações políticas. A seus olhos, a oposição por aquele chefiada representava «justamente aquela parte do partido que mais se integrou no sentimento nacional português [...] essa era, essencialmente, a mais sã, a mais patriótica».[17] O poeta, nos seus escritos, manifesta reiteradas vezes o seu vivo repúdio pela política seguida por Afonso Costa que se consubstanciava com as suas famosas «carrapatas». Como muitos portugueses da altura, compara-o aos famigerados ditadores Costa Cabral e João Franco. A sua opinião sobre este político é tão negativa que mal lhe reconhece valor ou competência. Para ele, João Franco e Afonso Costa estão bem um para o outro, pois como diz «entre os dois venha o diabo e escolha».[18] Só que

[16] Cf. , p. 50.

[17] António Quadros, op. cit., vol. III, p. 847.

[18] Ibidem.

acrescenta à laia de desabafo: «Franco seria um tirano de merda; este é um tirano de caca»,[19] denegrindo, deste modo, ainda mais a imagem de Afonso Costa.

Era sua convicção que António José de Almeida, contrariamente àquele político arrivista que, no seu provincianismo, se limitava a importar o modelo republicano francês, tinha um projeto nacionalista para Portugal. Por isso mesmo achava que a palavra "povo" dita por este republicano tinha uma significação nacional, enquanto na boca dos outros estadistas traduzia, apenas, uma mera oposição à monarquia. Esta aura de mítica esperança e de mística admiração com que, então, envolve a figura deste homem da política, contamina encantatoriamente o seu ouvido de poeta que sente que «a frase 'povo português' dita pelo Dr. António José de Almeida traz consigo hoje um momento de poesia».[20] Porém, pouco a pouco, o seu encantamento vai esmorecendo até se transformar em desilusão. E as altas qualidades patrióticas que impregnavam a voz do estadista de melodia e ritmo metamorfoseiam-se em «instabilidade de ideias, feitio destrutivo como legislador».[21] Contudo, a imagem de António José de Almeida não é, por ele, inteira-

[19] Ibidem, p. 870.
[20] Ibidem, p. 847.
[21] Ibidem, p. 872.

mente arrasada já que, não obstante este ser «um histérico evidente que oscila entre o destrutivo e o construtivo, não fica só no destrutivo».[22]

A oscilação do político obriga à oscilação do poeta, que hesita entre a acusação e a desculpabilização. Daí as atenuantes que encontra para justificar o ato «impatriótico» de António José de Almeida ao impor uma ortografia que, a seu ver, iria desnaturar a afirmação da identidade nacional.

Mas, contrariamente ao presidente português que, simples joguete na mão de maiores, desempenhara ingênua e inconscientemente o papel de traidor da nação portuguesa, o presidente brasileiro, Getúlio Vargas, escolhera, por seu desígnio e vontade própria, o mesmo papel ao promulgar, por decreto, a adesão do Brasil à reforma ortográfica portuguesa. A esse, Pessoa não perdoa o fato de, para impor a sua vontade política, ter violentado e coartado a liberdade de espírito do povo brasileiro.

Com efeito, o primeiro acordo ortográfico entre Portugal e o Brasil é assinado a 30 de abril de 1931 pelos presidentes das duas Academias, a portuguesa e a brasileira, e pelos embaixadores dos respectivos países. No que respeita ao Brasil, a assinatura do acordo, o seu reconhecimento oficial e respectiva revalidação tiveram lugar quando

[22] Ibidem.

Getúlio Vargas era presidente provisório da República brasileira. Este fora nomeado presidente pela revolução, em 1930, e mantivera-se ditatorialmente no cargo até 1934, ano em que toma posse das funções que anteriormente desempenhara a título ditatorial. É precisamente este abuso de poder praticado pelos dois presidentes que Pessoa denuncia e rejeita por sufocar a liberdade cultural a que cada homem ou nação tem direito.

O povo brasileiro, que sempre se mostrara avesso a reformar a sua ortografia, fora obrigado por lei, contra sua convicção e desejo, a escrever segundo as novas normas ortográficas ditadas por Portugal. Na verdade, a opinião de Pessoa sobre a relutância da nação brasileira em adotar a nova ortografia nada tem de ficcional, pois que o divórcio entre as duas ortografias — portuguesa e brasileira —, contra o qual Pessoa tanto se bateu, acabou por se dar e se manter. A cisão cultural, cavada pelo (des)acordo ortográfico, apresentava-se, para ele, como um obstáculo perverso à ação futura da língua portuguesa, cuja influência espiritual dificilmente se estenderia além-atlântico.

Na perspectiva pessoana, todos os países de língua portuguesa (no caso, Portugal e Brasil, os únicos a quem servia como meio de criação) deveriam adotar a mesma ortografia e, de preferência, a etimológica. O etimologismo era, segundo Pessoa, o único sistema gráfico apto a espelhar com fidelidade o passado cultural universalista de que Portugal era herdeiro privilegiado. Ilustrava, com transparência, a afirmação e a identidade cultural nacional cujo espírito se consubstanciou com dar a conhecer ao mundo a universalidade do espírito. São estas razões bastantes para aquele que se propôs agitar consciências em nome da civilização e da nacionalidade, sair em defesa do único sistema ortográfico que «representa e se ajusta à missão histórica de Portugal».[23] E, destarte, qual cavaleiro em defesa da palavra portuguesa que os traidores se esforçam por perder, pega na sua arma, a pena, e repudia, com a firme destreza da sua argumentação e criação, os vis golpes que a querem retalhar.

Como escudo, socorre-se dos dados e dos fatos que determinaram a fixação da palavra escrita em português e, como lança, proclama, através da arte da escrita, o futuro auspicioso que espera a nação portuguesa.

Para justificar o seu ponto de vista parte da premissa de que toda a sociedade «é um ente vivo mental, uma espécie de *organismo psíquico*»[24] cuja existência depende do equilíbrio entre duas forças antagônicas, uma conservadora, outra inovadora, para finalmente demonstrar que a fixação da

[23] Cf., p. 49.
[24] Cf., p. 29.

ortografia portuguesa surgiu num dos raros momentos de equilíbrio perfeito entre ambas — a força da «tradição cultural» ou escol e a força da «anti-tradição», representada pela mentalidade popular. Esta «união» entre elementos opostos, o popular e o intelectual, surgira como resposta à necessidade de fazer frente à vontade hegemônica de Espanha. Nação que, segundo Pessoa, se afirmara optando por uma ortografia «eminentemente sónica». A grafia etimológica por que Portugal optara mostrava, assim, a seu ver, ser filha cultural não de Espanha, mas de um império cultural remoto.

Na sua óptica, a reforma de 1911 e o acordo de 1931, ao atentarem devastadoramente contra a ortografia etimológica que na «expressão externa da linguagem» registava «a solenidade de Roma e a complexidade da Grécia»,[25] desfecharam, pela mão do governo provisório, um rude golpe na vontade do homem português em marcar vincadamente a sua autonomia relativamente à nação que dominava toda a Ibéria. A fixação da ortografia etimológica simbolizava, para o poeta, o «crescimento» do espírito português, que, ao cortar o cordão umbilical que o ligava à sua progenitora, se lançava na aventura da conquista da «universalidade dos mares».

[25] Cf., p. 49.

Ao dar uma breve notícia do «caso ortográfico de Portugal», Fernando Pessoa pretende, deste modo, tornar evidente quão «impatriótica» e irrefletida fora a atitude dos reformadores. O processo «lento e social» de formação da ortografia portuguesa, na opinião do poeta, prova que a sua fixação só se deu quando chegou a hora em que as forças opostas do instinto e da inteligência se juntaram para consolidar a independência nacional. E essa hora veio, quando Portugal deu a conhecer «novos mundos ao mundo», ou seja, quando Portugal se firmou como nação imperial criadora de cultura.

Embora a história da ortografia portuguesa que Pessoa nos propõe assente na construção ficcional de um instante mítico, a verdade é que as diferentes fases que descreve coincindem, de certa forma, com os três períodos em que Giuseppe Tavani (1987) diz poder «*grosso modo* dividir-se» o processo de codificação da grafia portuguesa. E, tal como Pessoa, o primeiro período define-o como uma tendência para a representação fonética (fônica, como lhe chama o poeta); o segundo período, que se inicia com o Renascimento e se estende até a primeira década do século XX, caracteriza-se pelo domínio da escrita etimológica; e, finalmente, o terceiro período, que vem desde a Reforma Ortográfica de 1911, e que Tavani cognominou de «período das reformas ortográficas». A este último Pessoa não chega sequer a outorgar-lhe qualquer espécie de estatuto por, para ele, a reforma da ortografia representar um retrocesso, se não mesmo uma regressão a um tempo em que Portugal começava a emergir como nação e em que titubeantemente o seu escol se ia formando. Verificamos, contudo, que a reflexão pessoana sobre a questão ortográfica portuguesa é fruto de um sério estudo, e disso são exemplo as suas «notas para um critério ortográfico», que analisam, precisamente, as alterações propostas nas bases da Reforma Ortográfica de 1911. Apesar da aura mitificadora com que envolve a sua teoria ortográfica, a sua objetividade analítica prevalece. A título de curiosidade apetece-me acrescentar que Tavani vai, uma vez mais, ao encontro do pensamento pessoano, quando opina que a reforma «representa um retorno, parcial, à ortografia fonética da Idade Média».[26]

E é precisamente este «retorno» que Pessoa condena e recusa. Os momentos criadores de civilização são, para o poeta, momentos de avanço, em que o homem descobre o desconhecido e com ele cria o novo, o diferente, o «outro». Não é vivendo na estagnada memória da saudade do passado, nem tampouco na tentativa vã do mimetismo da sua restauração que, segundo Pessoa, se poderá influir «na vida e nos destinos da civilização». Do passado, ele se servirá co-

[26] *Demanda da Ortografia Portuguesa*, p. 203.

mo lembrança vivificadora e impulsionadora de uma nova força que desencadeará a ação futura. Disso é exemplo a sua *Mensagem*, que ao ressuscitar os tempos heróicos pretéritos, pretende com a sua palavra-seiva alimentar os ânimos do presente, espíritos obreiros do amanhã. Na entrevista que concede ao *Diário de Lisboa* a 14 de dezembro de 1934, afirma precisamente que o seu objetivo ao escrever a *Mensagem*, era «projectar no momento presente uma coisa que vem através de Portugal, desde os romances de cavalaria. Quis marcar o destino de Portugal, esse império que perpassou através de D. Sebastião, e que continua, 'há-de ser'».[27]

A «militância» pessoana em prol dessa hora que «há-de ser» visa a transformação do homem. Não qualquer transformação, já que, a seu ver, ela se pode dar de três maneiras diferentes: «transformar para menos, ou desagregar; transformar para mais, ou desenvolver; transformar para outro, ou construir».[28] Ser «criador de civilização» é saber «transformar para outro», ou melhor, é ter a capacidade de converter a própria substância. Civilização, na boca do poeta, não significa progresso, mas qual processo alquímico de transmutação da própria substância.

Esta conversão, julga-se Pessoa capaz de a operar atra-

[27] António Quadros, op. cit., vol. II, p. 1339.

[28] Ibidem, vol. III, p. 705.

vés do sopro do seu verbo criador. A sua arte, como toda a «arte superior», tem por fim a libertação do ser, que «é uma elevação para dentro, como se crescêssemos em vez de nos alçarmos».[29] Na palavra do poeta, a «arte superior» distingue-se das outras artes, precisamente, pela sua capacidade de influenciar. Às outras caberá agradar — «arte inferior» —, ou elevar — «arte média» —, mas aquela tem em si o dom de «passar de umas gerações para as outras, o resultado do trabalho psíquico de cada uma».[30] Contudo, para Pessoa, só a literatura, por ser a arte da palavra (emanação e materialização do mundo psíquico), tem poder para realizar essa contaminação do espírito.

Porém, o gênio contaminador de espíritos que assume ser, tropeça, na sua missão, numa dificuldade até então intransponível: a diversidade da palavra que a emergência das diferentes nações européias trouxe consigo. Cada uma das novas nações sitiou-se numa muralha invisível que a língua construiu à sua volta, dificultando, destarte, aquilo que o poeta se propôs como tarefa: reconstruir o universalismo natural de que a cultura é «alimento mental, e o alimento mental, para que se nutra, tem que ser assimilado».[31]

[29] Ibidem, p. 21.
[30] Ibidem, p. 23.
[31] Ibidem, p. 94.

«Estamos, neste mundo, divididos por natureza em sociedades secretas diversas, em que somos iniciados à nascença, e cada um tem, no idioma seu e no que está nela, o seu toque próprio, a sua própria palavra de passe»,[32] comenta o poeta. Mais uma batalha vai ter de travar na busca da palavra perdida universal que, em nome da cultura, derrubará todas as fortalezas, que fecham o espírito à influência cultural.

O seu interesse pelas línguas artificiais internacionais, assim como o empenho em criar uma língua artificial que colmatasse as deficiências das já existentes e, desse modo, satisfizesse as necessidades intelectuais (científicas) e culturais (literárias), é apanágio do seu ciclópico projeto em demanda da universalidade cultural perdida. A seu ver, a história das línguas artificiais, marcadas pela efemeridade da sua existência, denota a parca capacidade de recursos com que os seus inventores as dotaram. Todas morreram por serem incapazes de responder, simultaneamente, às particularidades subjetivas e criativas de cada uma das línguas naturais e às necessidades objetivas do meio intelectual.

Dos idiomas inventados, os três que o poeta refere — Volapuque, Esperanto e Ido —, foram os que tiveram melhor fortuna. O primeiro idioma internacional artificial que

[32] Ibidem, p. 587.

veio a ser verdadeiramente posto em prática e que efetivamente funcionou, contrariamente aos variados projetos que o precederam e que se ficaram, praticamente, pela sua fase teórica, foi o Volapuque. Esta língua internacional, inventada em 1879 pelo padre alemão Schleyer, tinha como objetivo, segundo o seu inventor, resolver o problema da comunicação universal (Volapuque significa "língua mundial"). Mas, subjacente a esta finalidade pragmática, escondia-se o princípio religioso de promover a fraternidade entre os homens. Dois fins que, segundo Pessoa, a condenaram à nascença. A fraternidade vê-a, o poeta, como um elemento negativo que lentamente vai roendo os alicerces de qualquer sociedade. É, para ele, disso exemplo, a queda do Império Romano causada pela expansão do humanismo «cristista», «o bolchevismo da época»[33] que, com o seu novo conceito de individualismo, deu, sem distinção, voz igual a todos os homens.

À rápida ascensão do Volapuque, seguiu-se o seu desmoronamento fulminante. As muitas críticas de que foi alvo, acusavam-no de «esquisitices gramaticais» e de apresentar graves falhas relativamente aos idiomas naturais. Coube-lhe, contudo, o mérito de mostrar que havia uma vontade, mais ou menos generalizada, particularmente no

[33] António Quadros, op. cit., vol. III, p. 942.

meio científico, de recorrer a uma língua não natural, precisa, objetiva, sintética, simples e lógica para veicular o conhecimento científico. O próprio Fernando Pessoa pensa não poder haver «dúvida [de] que uma língua internacional seria uma vantagem; a única condição é que seja realmente uma língua internacional».[34] O poeta toca aqui no cerne do problema com que sempre se debateram as várias línguas internacionais — ser de fato, no amplo e verdadeiro sentido da palavra, internacional. Com o intuito de pôr cobro, de uma vez por todas, a esta questão, Pessoa projetou elaborar uma língua artificial que resolvesse o problema da comunicação internacional. Dela nos deixou, além das reflexões que presidiram à sua elaboração, uma gramática e um vocabulário que, como era seu hábito, não chegou a concluir.

A morte vertiginosa do Volapuque é também causada pelo advento de uma nova língua artificial: o Esperanto (que tem na sua raiz a palavra "esperança"). Fundado, em 1887, pelo professor e médico polaco Zamenhof, este novo meio de comunicação artificial internacional teve, apesar das críticas, um destino mais feliz que o seu predecessor. As acusações que lhe eram dirigidas diziam essencialmente respeito

[34] Cf., p. 96.

aos pressupostos ideológicos que, aliás, também em nada agradavam a Pessoa. Para Zamenhof, o Esperanto não representava apenas uma língua, mas um movimento que pugnava por uma «cidadania supernacional» e por uma «religião superconfessional», conforme define no seu *Homaranismo* (humanitarismo), brochura que publicou em 1905.

Estes dois objetivos de caráter puramente ideológico constituíram o pomo da discórdia que levou ao seu quase-desaparecimento. A perspectiva internacionalista do autor do Esperanto que antevia, com a destruição de Babel, a edificação de um mundo sem quaisquer espécies de fronteiras ideológicas, religiosas e lingüísticas, não foi bem-aceita pela maioria das nações, que temeram pela sua soberania. Pessoa, por sua vez, viu na democraticidade que caracterizava estes pressupostos ideológicos o perigo de o poder espiritual da cultura vir a ser preterido pela voracidade da conquista do bem-estar material imediato. Ademais, segundo a sua filosofia social, só poderia postular a candidatura à «cidadania supernacional» aquele que soubesse compreender que o problema essencial da vida «que é o problema da realidade ou verdade»[35] se não pode descobrir. Esta ausência de fé, atributo com que Pessoa qualifica o homem de inteligência superior, não se encontra presente no homem inferior, para

[35] António Quadros, op. cit., vol. III, p. 298.

quem o sentimento predomina sobre a razão. «Por isso, a descrença, caindo nesse solo impropício, ou se torna um fanatismo às avessas, ou um materialismo sem teoria ou uma simples estupidez».[36] Porque vive para e pela inteligência, só o homem superior pode ser «cidadão do mundo». De mente «receptiva para coisas que representam subtilizações intelectuais, ou seja vibrações etéricas (astrais)»,[37] o homem do escol ou gênio, contrariamente ao homem plebeu, que «só pode compreender a civilização material»[38] e julga que «ter automóvel é ser feliz»,[39] é o único intérprete de uma realidade superior, de uma verdade «*supra-social* visto estar em relação com um meio mais largo do que o indivíduo, com um meio intenso a que o espaço não põe limites e que o tempo não encadeia».[40] O elitismo que proclama o primado da inteligência e da razão não poderia, de forma alguma, aceitar um idioma artificial que visasse «facilitar a intercomunicação democrática»,[41] como era o caso do Esperanto e de uma nova língua — o Ido (prefixo esperanto que significa «filho», «descendente») — que nasceu da cisão aberta

[36] Ibidem.
[37] Ibidem, p. 439.
[38] Ibidem, p. 292.
[39] Ibidem.
[40] Ibidem, p. 293.
[41] Cf., p. 109.

entre adeptos esperantistas. Do ponto de vista pessoano, só faria sentido uma língua artificial que tivesse como propósito o «conhecimento aristocrático». Para satisfazer tal requisito, e contrariamente ao que tinha vindo sempre a ser proposto, defende que o idioma construído deve ser o mais perfeito possível, combatendo desta forma as teorias que preconizavam a simplicidade com vista a facilitar a sua aprendizagem. O seu conceito de saber briga com a idéia simplificadora e, por isso mesmo, redutora que a palavra "facilidade" transporta em si. A complexidade do conhecimento, a seu ver, não podia ter para o traduzir um meio material demasiado simplista.

E, apesar da complexidade com que reveste a estrutura da sua língua artificial, Pessoa reconhece que nem a riqueza e o colorido que caracterizam a espontaneidade da comunicação cotidiana, nem a plasticidade e sutileza da linguagem literária se coadunam com a artificialidade. Segundo o poeta, «nenhum homem, 'que seja homem', achará natural conversar, aceitando ou recusando uma bebida, em Volapuque, ou Esperanto, ou Ido ou em qualquer outra fantochada do género»,[42] por ser «contra tendência dos seus instintos».[43] A razão por que não aceita um idioma internacional

[42] Cf., p. 113.

[43] Ibidem.

(exceto para a comunicação científica, fruto do saber experimental construído pelo homem) parece estar intimamente ligada com o seu conceito de linguagem e de literatura.

Para Pessoa, a linguagem é um dado intrínseco, congênito à natureza humana, um dos traços distintivos da sua condição de existir. A fala, como diz, é natural, espontânea e democrática. O homem tem inscrita em si essa capacidade que com ele nasce: qualquer homem «preferirá falar, gaguejando, uma língua estranha, mas natural, do que falar, com relutante perfeição, uma língua artificialmente construída».[44] Já a escrita, que resulta do poder de abstração da mente, só pode estar ao serviço de alguns. Daqueles que, dominando a faculdade da palavra, exploram todos os seus infinitos recursos, recriando-a: «a linguagem fez-se para que nos sirvamos dela, não para que a sirvamos a ela».[45]

Todavia, os inconvenientes que aponta a qualquer língua artificial não levam o poeta a desistir desta sua cruzada em nome da cultura e da civilização. A resposta encontra-a buscando no passado, quando o latim era, naturalmente, a língua internacional e universal do homem culto. Esse tempo em que, através da língua, vingou universalmente a cultura romana e transliteradamente, como diz, o espírito

[44] Ibidem.
[45] Cf., p. 71.

grego, vê-o o poeta como um momento «criador de civilização».

Para que a cultura, que tem o seu exponente máximo na literatura, continue a exercer uma influência direta, autêntica e não translata, no espírito do homem de todos os tempos e de todos os lugares, torna-se urgente, para quem assumiu ser cidadão do mundo, encontrar o idioma que, à imitação do passado, melhor represente a universalidade poliédrica do pensamento criador.

É na escolha dessa língua que o seu coração de homem vacila. Dividido entre o inglês e o português, o poeta não sabe por qual decidir. As outras línguas, potencialmente candidatas ao título, rapidamente as elimina. Para isso mesmo servem as bases em que assenta a sua seleção: ou porque estas não são donas de uma grande literatura; ou porque, mesmo que o sejam, não estão amplamente espalhadas pelos cinco cantos do mundo; ou porque não são faladas naturalmente por um grande número de pessoas; ou porque são pobres em sutileza, plasticidade e vocabulário; ou ainda, porque a fixação da sua escrita não corresponde ao momento ideal de perfeito equilíbrio entre as duas forças antagônicas (a da tradição e antitradição), nem espelha na sua grafia o glorioso passado da antiguidade clássica greco-latina — dois grandes impérios da cultura.

Desta feita, conclui que só duas línguas respondem a tão vasto leque de exigências. Essas são as que o poeta melhor conhece. Uma, porque o fado assim o quis; outra, porque a sua vontade assim o determinou. Na primeira, fez a sua aprendizagem e deu os primeiros passos na arte de escrever, na segunda, procurou a identidade e a afetividade perdidas e consagrou-se poeta. Ambas teve como espaço de criação, porém, na última, naquela que tomou por pátria, representou o seu drama em gente, edificou o seu «teatro do ser», como lhe chama Teresa Rita Lopes,[46] palco onde as suas personagens, ortônimo, heterônimos, personalidades literárias se movimentam e agem e onde ficção e realidade se (con)fundem.

A pátria-língua-portuguesa é, para ele, esse lugar sem fronteiras que dá voz à ação indisciplinadora da sua palavra criadora. É desse espaço abstrato, materializado pela língua escrita, que o poeta se nomeia defensor e profeta. Na sua defesa, prontifica-se a transformá-la em guia espiritual (cultural) da humanidade. Com a sua palavra de profeta propõe-se acordar o espírito da nação adormecida que, assim motivada, recriará «o universalismo das descobertas com a exaltação que nos empenhámos nelas».[47] A sua obra tem

[46] Cf. Teresa Rita Lopes, *Le théâtre de l'être*, Paris, Éditions de la Différence, 1985.

[47] *Pessoa Inédito*, p. 231.

por fim fazer nascer dentro da alma portuguesa a força que, projetada para o exterior, operará a sua libertação.

«Desejo ser um criador de mitos, que é o mistério mais alto que pode obrar alguém da humanidade»,[48] confessa o poeta. Este seu desejo de reavivar, à sua maneira, o mito do Encoberto — «Deve cada um de nós fazer por em si realizar o máximo que pode de semelhante ao Desejado. A soma, a confluência, a síntese por assim dizer carnal dessas ânsias será a pessoa do Encoberto» —[49] inscreve-se, uma vez mais, no seu papel ativo de «estimulador de almas». Por ser profundamente «nacional» e «popular porque ninguém sabe como nasceu nem de quem»,[50] o sebastianismo representa, para Pessoa, a única força capaz de agregar a vontade nacional e de a fazer mover. Fortemente enraizado na alma portuguesa, o mito do Desejado tem, na perspectiva pessoana, a mesma força e o poder estimulador de uma crença religiosa. É essa crença que, enquanto pregador da fé sebástica, quer explorar. A seu ver a alma portuguesa devia criar, dentro de si, uma força atuante que fizesse renascer não o Portugal que vive na ânsia da conquista, mas o que quer o poder inovador da descoberta, universalista e difusor de

[48] António Quadros, op. cit., vol. II, p. 1023.
[49] *Pessoa Inédito*, p. 228.
[50] António Quadros, op. cit., vol. III, p. 627.

cultura. É esta a missão imperial que Portugal terá de cumprir guiado pela palavra do poeta.

Para Pessoa, «a essência do grande imperialismo é o converter os outros em nossa substância, o converter os outros em nós mesmos».[51] O seu império espiritual ou Quinto Império propõe-se, portanto, transformar a natureza do homem moderno. A transformação que pretende operar passa, forçosamente, pela palavra, espaço de criação de mundos míticos e realidades virtuais que abrem o caminho da descoberta.

Porque escolheu ser poeta em língua portuguesa, essa será a língua em que assenta o Quinto Império. À sua forma escrita — a etimológica — imprime a majestade de um passado criador de civilização e o poder de converter o espírito em outra substância. Nela criará e nela se assumirá como um «fazedor» de cultura que tem por mister «deixar aumentado o património cultural da humanidade».[52]

Mas nesta sua criação de um Mundo Novo de que a língua portuguesa é o meio material, Pessoa não consegue cortar o cordão umbilical com o idioma que o ensinou a ser poeta, e, para resolver a sua cisão de homem bilíngüe, vaticina também um futuro auspicioso à língua inglesa. «Para o

[51] Ibidem, vol. III, p. 649.

[52] Ibidem, p. 30.

que queremos aprender leremos inglês; para o que queremos sentir, português. Para o que queremos ensinar, falaremos inglês; português para o que queremos dizer».[53] O poeta define, assim, a índole futura da universalidade das duas línguas, em que é gênio criador.

O espaço futuro da comunicação internacional científica pertence, segundo ele, à língua inglesa; o da criação literária à língua portuguesa. O primeiro prende-se à racionalidade do mundo material e o segundo à expressão universal da cultura, que só poderá ser conseguida através do registo etimológico da palavra criadora.

[53] Cf., p. 149.